alive
城市品味書

說出品味故事，成就你的與眾不同。

情調曼谷

100 個你一定要知道的
關鍵品味

城市的記憶

對一個城市的記憶，也許是某棟雄偉建築背後的一段淒美情事；也許是街邊行人的出色裝扮；也許是一種魂牽夢繫的味道……。無論如何，總有一個美好的原因，讓我們對那個城市的記憶，在最細微的地方停格。

十年前，《商業周刊》為了滿足讀者在生活面向的需求，開始了《alive》單元。現在的《alive》單行本以及您手上這套《alive 城市品味書》系列，都是基於同一個初心下的結晶，重視的是文化內涵的傳遞，期待體現「富而好禮」的社會氛圍。這套書裡，編輯以單行本中 10 個不容錯過的品味城市為基底，耗時近兩年，細心蒐羅每個城市的 100 個關鍵品味，從藝術、建築、美食、時尚、設計等生活角度，全面梳理與揀選。究其內容，與其說是旅遊書，倒不如視為最生活的「文化入門書」更為貼切。

在凡事講求效率與速度的今天，太多人對生活疲憊無感。本書希望能藉由系統化、主題式的規畫，讓您輕鬆掌握關鍵精髓之外，還能以一種不沉重的心情、有餘裕的節奏，欣賞深層的文化底蘊。我們志不在製造另一本旅遊聖經，但求能以一種全新視角和您一同領略不凡。

我會為了一張骨董地圖安排一趟旅行，有些人則會為了一家餐廳而造訪某一個城市，你呢？

《商周集團》生活事業群總經理暨《alive》發行人

董孕彣

目錄 contents

美食 Gourmet

©達志影像

©達志影像

走進大師的
曼谷花園

腎蕨，這種常見的蕨類，在台灣的低海拔山區、都會公園，甚至圍牆邊到處生長。誰知道，這種不起眼的小植物，卻成為大師花園的主角。這是《alive》採訪團隊到了曼谷一個大震撼。走進奢華度假旅店設計大師比爾·班斯利（Bill Bensly）位在曼谷的家，一開門，記者就發出了讚歎：「是一座叢林耶！」垂掛在樹上的腎蕨，伸著長長的枝葉，如瀑布般往下傾瀉，彷彿已有千年之老。

班斯利的花園一層又一層的綠，讓人很震撼。是一種很奢華的綠。如此濃烈，讓人不由得多呼吸幾口，想把那金錢也買不到的新鮮氣息深深吸入。班斯利的花園是由最平凡的植物建構起來的。腎蕨、黃金葛、麥冬草、雙扇蕨、芭蕉、龍舌蘭、雞蛋花……，名字雖然未必全都熟悉，卻都是我們一般在公園或花市就可以看到的植物。

如果我們都有 300 坪的花園，是否就建構得起來這樣奢華的綠？未必。這個花園的主人，把家的 2/3 讓給了植物，因為他認為家裡可以有非常多昂貴的擺飾或名畫，但若少了在自然裡放鬆的時間、少了脫下鞋子踩在草地上與小狗追逐的時光、沒有坐在綠意環繞的迴廊裡聽小鳥歌唱、看不見陽光灑在宛如嬰兒皮膚細緻的雞蛋花上，對他而言就不是真正的奢華。是這種生活態度讓花園不一樣，而非奇花異草。

談品味，一天到晚塞車的曼谷，也給了同樣的道理。曼谷的美學，不在又新又高檔的度假旅館；而是要從塞車陣中，微笑自在的計程車司機，街邊小吃用料平凡，卻口感平衡細緻的一碗河粉，還有對不同文化、不同人種包容而來的輕鬆自在。

文／游惠玲

名人談曼谷

曼谷，一個拈花微笑的國度，且聽以下幾位名人談曼谷，帶領我們進入曼谷無壓的生活情調中。

胡天蘭
美食家

著有《胡天蘭的辣嘴毒舌》《胡天蘭極品美食100+》

胡天蘭 提供

細細搗製，各種氣味融於一盅的泰式醬料，是泰國菜出類拔萃的關鍵，辣椒紅、咖哩黃、長豆綠，更見濃郁美豔的色澤。水上市場小舟上陋簡至不行的炊爐，竟完成全球獨步的米食——河粉，泰國菜難以言喻，就是泰美味！

蘇國垚
旅館達人

高餐藍帶廚藝卓越中心總經理 著有《款待》

石吉弘攝

想要有被款待的感受，一定要到曼谷文華東方酒店，前總經理瓦奇維托，曾是全世界排名第一的旅館總經理，總是在大廳守候，隨時準備服務遠道而來的旅人。

葉裕清
設計師

作品：台北 MAJI MAJI 集食行樂廣場、曼谷 Cabochon 旅店

葉裕清 提供

也許曼谷就是那麼「塞」那麼「亂」，所以從機場你就告訴自己：別急別急！反正一天就只能辦一件事，去 spa 就別想觀光，要觀光就別去血拼，要血拼就得放棄美食……。於是我從 17 年前移居曼谷，至今，就越留越久！

陳
怡

女
王

毛
姆

| 時尚工作者 | 知名作家 | 英國現代小説家 |

CLUB DESIGNER 提供

女王 提供

@wikipedia

CLUB DESIGNER 創意總監

著有《女王 i 曼谷》

著有《人性的枷鎖》

曼谷，一個非常國際化的城市，可以享受到最新、最棒、設施最完善的飯店，同時也是購物天堂，幾乎所有國際設計師的專賣店都可以在曼谷看到，既摩登又保留泰國傳統，是個相當具有衝突感的城市，而這也正是它的魅力所在。

這城市的人們總是溫溫的、笑笑的跟你説話，這裡的氣候總是溫暖得讓你想當一隻躺著曬太陽的小貓，讓你想放下生活的繁忙，稍微喘口氣，呼吸溫暖的空氣。你一定要來親自感受，才能體會這城市的生命力和趣味，體會愛上曼谷的感覺。

他想去東方，他對曼谷、上海及日本的港口有著豐富的想像：棕櫚樹、藍天、暑氣，深色皮膚的人，還有寶塔……。東方的異國香氣，彷彿充滿在他口鼻間。

城市印象 Image

曼谷，一個拈花微笑的國度，處處充滿
生活情調，從包容之中孕育出最自在的
品味。

五大曼谷情調

微笑、包容、溫柔、放鬆、創意，曼谷的五大生活
情調，讓人人都能找到一套安身立命之道，以自在
的角度品味人生。

01 微笑
用幽默過生活

曼谷這個高溫的城市，混亂而不失序。車身顏色紅橙黃綠的計程車內清潔舒適，車內收音機傳來泰國小調，司機臉上掛著微微笑意，就像他車前立著的那尊迷你小佛，神情放鬆祥和。司機相當專業，懂得抄小路、避車潮，遇上紅燈就靜靜守候，絕不搶快，也從未聽見碎嘴叨念。

來自加拿大的華裔建築師楊樂（Luke Yeung），定居曼谷已 6、7 年，他觀察到，這座城市並不是沒有交通事故，但令他訝異的是，竟沒有人為此吵架。不論車道多擁擠、高溫多難受，馬路上，連一聲喇叭也沒聽見。

曼谷素有「微笑之都」的美譽，當地人有一套安身立命之道，那就是，「以輕鬆的角度看待生活」。超過 90% 的泰國人都是佛教徒，不管虔誠與否，人人心中都有佛。凡事認真做、輕鬆看，是泰國人的處世之道，甚至，還要帶點「好玩」的成分。「泰國人總是想聽到好笑的事，不想聽到嚴肅的事。」泰國當紅的廣告導演塔諾（Thanonchai）曾這麼說。

泰文中有個字「sanook」，意思近於英文中的「have fun」，好玩、有趣、幽默、遊戲，甚至有點無厘頭。舉例來說，有人在街上跌倒了，旁邊的人看見了，會一邊笑，而跌倒的人雖然覺得丟臉，卻也一邊笑。竟然出糗了，那大家就一塊兒笑一笑，一起「sanook」吧！

泰國人的笑容是出了名的「多元」，暹羅飯店（The Siam）的總經理佛德曼（Jason M. Fridman）來自於美國，在亞洲已有 20 年的生活經驗，他說：「你知道嗎？泰國人有 7 種笑容（seven smiles）呢！」開心要笑、尷尬的時候也笑、不高興的時候也會笑，但如果是碰上憤怒的笑容，你可就得機靈一些了。

02 包容
不抱怨的好品味

2011 年，泰國因豪雨帶來超級大水災，水淹了幾個月，許多居民家裡 2 層樓變 1 層，市區街道瞬間變成水上市場。他們乾脆在街道小河中划船、衝浪，甚至有人泡在水裡繼續用電腦、做燒烤生意，苦中作樂一番。2 年後到曼谷，乘船行經運河區，還能清楚看見住家牆上在水退之後所留下的刻痕，但曼谷人早就恢復活力了。國家最重要的觀光產業，也迅速從谷底回彈。

在泰國的佛教信仰中，重視的是當下，不是過去，不是未來；人生的苦與樂，始終是過眼雲煙。泰國的泰文意思是「自由的大地」，他們追求的是內心的真正自由，生活的輕鬆以對。這是一種不抱怨的好品味。

過去千年來，泰國沒有巨大戰亂，沒有被殖民統治，又位居東西文化交界之處，這樣的歷史背景，結合宗教信仰，創造出一種拈花微笑，寬心的文化與包容的根柢。

03 溫柔
體貼入微的服務

知名作家女王說，曼谷是一個不必花大錢就可以好好享受旅行的好
地方，有女生最愛的 spa 按摩，也有許多當地有趣的設計、新開的
飯店、設計旅館，和美味料理，隨時可以來放鬆、充電。

或許是因為能夠以輕鬆的角度來看待事情，使得泰國人心態更加柔
軟，更有餘裕去照顧、體貼別人的需要。因此，在服務業上，也能
更勝一籌。

泰式按摩結合水療（spa），強調是一場從香氣到肌膚，輕緩細
緻、無時間感的過程，最高境界是人就這麼無憂睡著了。著有《泰
式 Spa 之書》（*Thai Spa Book*）的作者恰敏・喬堤莎琳孔（Chami
Jotisalikorn），在美國受教育長大，她認為泰國的 spa 能在全球享
有重要地位的原因，就是因為體貼入微的服務，「我覺得自己好受
寵，就像國王、皇后一樣。」

美學大師蔣勳曾經這麼評論泰國：「更深一層認識之後，你會發現
他們文化裡面有一種奇特的溫柔，東西都不偉大，但都有值得回味
之處」。就像泰國菜，用料一點不奢華，口感卻如此細緻平衡，征
服了全世界的味蕾。

04 放鬆
無壓是真正的奢華

泰國創造出一種有別於全世界的精緻生活，越放鬆、越奢華。

整個曼谷的精緻生活產業，都是致力讓人慢下來、緩下來，在他們眼中，真正的奢華，不是精雕細琢，而是無壓享受生活。

走一趟已故泰絲巨擘金‧湯普森（Jim Thompson）的住家，現已開放成為博物館，也可以一窺傳統泰式居家強調的放鬆之美。

過去的傳統房舍，不會貼地而建，整座架高的屋舍，可防洪水來襲、避免白蟻、獸類侵擾、同時具有通風的作用。2 樓屋舍的四周設有迴廊，房門打開，全家人能夠一塊賞月乘涼，輕鬆愜意的生活情調，就在日常裡累積。在 2 樓的居家空間中，泰國人習慣席地而坐，進入室內空間時，自然要褪去外出鞋，雙足直接踩踏在木頭地板上，舒適自在。這些特質，被挪移到了現代居家裡頭。

即便一般人，因位處潮濕悶熱的熱帶環境，要如何讓自己住得舒適，在一天辛苦的農事之後能夠好好「放鬆」，也成了泰國居家的重要課題。「尊重自然」，與自然和諧相處，而非對抗它。一般居家即便沒有風格的裝潢，卻都有著對花園的重視、對水的情感、對自然材質的運用、對香氣的使用等等，保持了一種人與自然平衡的溫暖舒適。

當資本主義下高度的消費，耗盡心神打造人造奢華，卻無法讓人從中紓解自己；當金融海嘯讓大家更深省思過去的高壓力、高表現、高報酬生活形態，以及過度資源浪費，曼谷的生活態度，反而成為全世界中的領頭羊，也成為全球認可的魅力都市。

05 創意
亞洲新的美學重鎮

知名國際旅遊雜誌《旅遊和休閒》（*Travel+Leisure*）2012 年的「世界最佳城市」排行榜，曼谷拿下第 1 名，打敗佛羅倫斯、紐約、巴黎等夢幻城市。因為，現代更多人認為卸下壓力，不做作的享受，價值絕不低於金碧輝煌或奇門巧思的體驗。

事實上因為放鬆與包容讓創意沒有框架，曼谷也成為亞洲新的美學創意重鎮。普拉達（Prada） 亞太區執行長在接受《時代》（*TIME*）雜誌採訪時說到：「曼谷是亞洲城市中，唯一能讓我們有『大夢想』的城市，它有最令人震驚、最具潮流感的國內品牌，亞洲除了日本之外，其他國家看不到。」

「這座城市人口眾多，看起來龐大而混亂，但往內看，就會發現它有許多層次（layers），並發展出屬於自己的秩序，這就是曼谷迷人的地方。」享譽國際的泰國建築師度安格特・鵬拿（Duangrit Bunnag）提到，這些不同的層次與文化厚度，激發了他的創意，讓他充滿活力。

從曼谷 5 位國際建築設計師的居家空間（詳見 P.110 ~ 127），可以看到他們如何在城市生活中，仍保有對自然的尊重與親近，創造出日常的生活情調與輕鬆氛圍。

這座「東方威尼斯」，為全世界重新定義了「放鬆」二字，一個能夠讓身心靈完全放鬆的環境，才是所謂的豪宅、也才是最有情調的城市。

文 / 游惠玲

一大頂級療癒

擁有「亞洲 Spa 之都」頭銜的曼谷，到處都有 spa 和按摩。泰國人把按摩視為每天生活必需，享受 spa 帶來的身心滋潤。

© 陳志賢

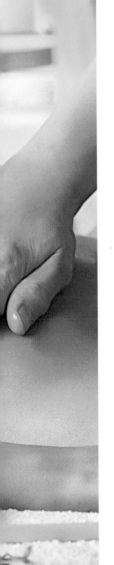

06 泰式按摩
超過 2 千年療癒傳統

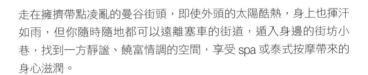

走在擁擠帶點凌亂的曼谷街頭，即使外頭的太陽酷熱，身上也揮汗如雨，但你隨時隨地都可以遠離塞車的街道，遁入身邊的街坊小巷，找到一方靜謐、饒富情調的空間，享受 spa 或泰式按摩帶來的身心滋潤。

曼谷被封為「亞洲 Spa 之都」（Spa Capital of Asia），2009 年，泰國 spa 家數高達 743 家，是東南亞第一。

論品質，2009、2012 年，泰國都獲得「亞洲 Spa 大賞」，凡是和 spa 相關的國際評比，泰國的 spa 業者幾乎榜上有名。《旅遊和休閒》雜誌舉辦的 2011 年「亞洲最佳飯店 Spa 大獎」，泰國就囊括前 10 名中的 4 個席次，傲視所有亞洲國家。

說也奇怪，spa 一詞明明來自西方，為何在這個熱帶國度發光發熱？答案，竟在泰國的佛教文化。著有《泰式 Spa 之書》的作家喬堤莎琳孔說，泰國以佛立國，而強調經絡的泰式按摩正是西元 2、3 世紀從印度佛教僧侶傳來的傳統醫學，在泰國的寺廟落地生根。這也是為什麼至今曼谷的臥佛寺（Wht Po）有能力開設按摩學校。

按摩，是泰國超過 2 千年的療癒傳統。喬堤莎琳孔說，「按摩就是我們的日常生活。」

但真正讓泰國和 spa 成為同義詞，且躍上國際的，則是 1 位關鍵人物：在曼谷文華東方酒店（Mandarin Oriental Bangkok）任職超過 40 年的前總經理柯特‧瓦奇維托（Kurt Wachtveitl）。是他，觀察到前來曼谷轉機的旅客，因為旅途奔波總是滿臉倦容，於是在 1993 年獨排眾議，在旅館推出結合泰式按摩的 spa，讓曼谷文華東方成為泰國首家提供 spa 服務的飯店，並且引領風潮。

泰國人溫柔的性格，也是泰國 spa 之所以與眾不同的來源。總是笑臉迎人的泰國人，其實並不排斥用雙手服務別人，《搖滾到泰國》一書也提到，「泰國從來沒被殖民過，對服務外國人打從心裡不覺得抗拒，真心喜歡服務別人。」體驗過泰式 spa 和按摩的人就會明白，他們並非最有效率，可是按摩手法和氣氛，總是能夠讓人感受到被溫柔對待。

文/游惠玲

泰式按摩三大傳統

講究大自然環境氛圍的泰式 spa，與傳統醫學有很深的連結，以草本芳療、醫食同源及專屬美學 3 大特色，讓人充分放鬆與享受。

07 草本芳療
　　融入泰式藥材

.泰式 spa 最重要的傳統精髓根植於草本療效。

身處熱帶的泰國，萬物生命力旺盛，植物也特別多元。自古以來，身邊隨手可得的香草、植物，就是泰國人治癒病痛的最佳處方。這樣的傳統至今一直被流傳延續到 spa 產業。

最顯而易見的是，泰式草藥包。這種 spa 療程，雖然現今並非只能在泰國找到，卻是源自泰國的傳統。草藥包裡是 10 幾種不同的植物，加熱之後，spa 芳療師會用草藥包在皮膚上按壓，讓草藥的功效滲入體內，減少肌肉痠痛。

即使到了今日，泰國人仍相信草本植物能夠帶給身體治癒能量；甚至，包括採集的時間和地點都有堅持。像是，夜間開花的植物，茉莉、依蘭樹等，最佳的採集時間就是晚上，才能保留植物最旺盛的能量。

08 醫食同源
食材運用在 spa 中

體驗過泰國大大小小 spa 、也擔任國際 spa 獎項評審的喬堤莎琳孔說,你基本上可以在泰式 spa 找到和泰式酸辣湯(Tom Yum Goong,又稱冬蔭功)一模一樣的食材:黃薑、香茅、檸檬葉。

一般來說,會運用在泰式 spa 的草本植物有:檸檬葉、泰國青檸、紅瓜葉、椰子、薑、南薑、香茅、羅勒、薄荷、蘆薈及黃瓜等。

選用 spa 素材,泰國人也充分發揮既有的開闊胸襟,把很多非傳統的食材放到 spa 裡。像是,用芒果敷在皮膚上,再用香檳來洗掉,芒果裡頭的酵素,可以讓膚質變軟。甚至,喬堤莎琳孔還體驗過用來自歐洲的布瑞起司(Brie)塗滿整身的 spa。

Ann攝

Ann 攝

09 五感體驗
泰式 spa 專屬美學

泰式 spa 不只講究療程、按摩手法，而是從香氛產品、空間，到服務、服裝等一整套的生活美學，甚至也發展出為數不少的在地香氛品牌，進軍國際。

更重要的是，如此處處講究的美學，無關乎 spa 大小規模，普遍存在泰式 spa 店家。比如，架高的按摩床底下，擺了一盆水、綴上幾朵鮮花，就讓趴在床上的人有了不同感受；室內陳設加入了泰式鮮花，如茉莉花圈的運用；更不用說，有些店家連用什麼香氛產品都會講究。

走進泰式 spa，從眼睛見到的笑容，到吸進的每一口帶有香氛空氣，其實就是一趟體驗泰式療癒美學的歷程。

文 / 徐銘志

四家特色 Spa

曼谷，一個堪稱 spa 天堂的城市，從 spa 專門店到飯店附屬的 spa 應有盡有，從高價到經濟實惠的 spa 選擇多元，在有限的時間和預算下，為您推薦值得前往且最精彩的。

10 最賞心悦目
So Spa 坐擁無敵景觀

Spa，已儼然是曼谷星級飯店的標準配備。因此，大家莫不絞盡腦汁讓自家飯店的 spa 能與眾不同。然而，曼谷飯店多半垂直向上發展，位在其中的 spa 自然也有些限制，說實話，彼此真正的差異並不大，也不若泰國其他鄰海、隱於自然的飯店，可以讓 spa 場域置身自然之中。正是如此，「曼谷索菲特飯店」（Sofitel So Bangkok）附設的「索 Spa」（So Spa）才能因地利之便，擁有獨一無二的特色：無敵景觀。

「曼谷索菲特飯店」就面對著過去皇室專屬、全曼谷最大、建於 1920 年代的倫披尼公園（Lumphini Park）。從飯店往外看，相當於巴黎迪士尼大小的公園樹海盡在眼前，這樣的美景，位於飯店 11 樓的 spa 自然不會放過，除公共等待區外，數間 spa 房皆能一飽眼福，光看畫面，公園背後襯上許多高樓，與紐約中央公園有幾

分神似。整個「索 Spa」裡也呼應著自然，從泰國神話得到靈感，將這布置成一座魔法森林，樹幹從地板傾斜延伸到天花板、壁紙上勾勒著鳥等元素。

「索 Spa」在開業 1 年多就拿下「泰國 Spa 大賞」的「最佳新 Spa」。由於整間飯店是以金、木、水、火、地球的概念設計，spa 裡的招牌正是名為「寧靜五元素」的療程，用到了分別代表五元素的金屬球、木槌、精油、草藥球等。該療程不若泰式按摩激烈，但可充分享受放鬆。在「索 Spa」難能可貴的是，也有不少 30 分鐘療程，價格親民。

文／徐銘志

Info.
索 Spa（So Spa）
地址：2 North Sathorn Raod, Bangkok
電話：+66-2-624-0000
費用：600 泰銖起（約合新台幣 600 元，營業稅及
　　　服務費另計）

11 文華東方 Spa
曼谷歷史最悠久

「曼谷文華東方酒店」附設的「文華東方 Spa」（The Oriental Spa）地位舉足輕重。首先，這是曼谷星級飯店 spa 的濫觴，1994年，飯店將泰式按摩、泰式傳統草藥文化等結合 spa，引進西方流行的水療文化，又不全然拷貝，反而引領泰國 spa 找到利基，站上國際；第二，「文華東方 Spa」也很爭氣，即便營運已 20 年，仍是許多國際 spa 評比的常勝軍，甚至多次登上《旅遊與休閒》雜誌 spa 排行榜，是唯一入榜的泰國 spa。

關鍵在哪？也深愛「文華東方 Spa」的「十月設計」建築設計總監陳瑞憲說，曼谷 spa 店的按摩手法大同小異，所以真正讓「文華東方 Spa」受到青睞的，是儀式、是情境。原來，「文華東方 Spa」不但不在住房建築，更遠在昭披耶河的彼岸。想做 spa，得先搭著飯店的船隻，搖搖晃晃渡河，緊接著穿過滿是綠意、具熱帶感的花園，最後才來到木頭質感的獨棟建築。整個過程，一幕幕將喧囂隔絕於外，漸漸讓心情隨著步伐沉澱下來。

真正走進「文華東方 Spa」，從地板、手扶梯、窗子到天花板皆是柚木，散發出溫潤沉靜質感，是曼谷 spa 罕見的氛圍。Spa 房也能見到巧思，像是落地玻璃只保留最下層是透明的，趴在 spa 墊上的人便能欣賞到戶外的花花草草。至於按摩手法，這裡因歷史悠久，服務人員多半資深，動不動就是 8 年、10 年，整個療程手法細膩。要提醒的是，館裡顧客絡繹不絕，想來這按摩，是一定要預約的。

文 / 徐銘志

> Info.
> **文華東方 Spa**（The Oriental Spa）
> 地址：48 Oriental Avenue, Bangkok
> 電話：+66-2-659-9000 分機 7440
> 費用：2,900 泰銖起（約合新台幣 2,900 元，營業稅及
>   服務費另計）

12 i.sawan
獲獎最多的男性 spa

如果你覺得 spa 是女性的專利，那就錯了，在許多曼谷 spa 商店裡，男性療程反而被獨立出來，成為選項；而在國際 spa 評比中，男性 spa 也有獎項、是評審關注的重點之一。位於「曼谷四面佛君悅飯店」（Grand Hyatt Erawan Bangkok）的「天堂的第五層 Spa 俱樂部」（i.sawan Residential Spa & Club）正是靠著男性 spa 而揚名國際，於 2007、2009 年，兩度獲得「亞洲 Spa 大賞」的「年度男性 Spa 療程」。

即使飯店就在曼谷四面佛（Erawan Shrine）的熱鬧區域，「天堂的第五層 spa 俱樂部」卻創造出大隱於市的氛圍，利用樓面平台，奢侈規畫不小的戶外空間，身處 5 樓，卻讓人有種走在度假村的錯覺，成功詮釋「i.sawan」這個在泰國神話中代表「第五層天堂」的意思。相較其他飯店 spa 以室內空間為主，這裡建築物的線條鮮明，更為陽剛。

男性顧客占了 5 成以上，探究其因，「天堂的第五層 Spa 俱樂部」也有健身房、游泳池、律動教室，男性顧客可以先做做運動，再去享受 spa，身處其中也不會感到尷尬。這裡也有針對男性在膚質、身體保養的狀況量身訂做，像是深層潔淨、去角質等。甚至，許多男性顧客從來不知道自己的膚質狀況，反而在療程中，從服務人員口中得知。

文 / 徐銘志

> Info.
> **天堂的第五層 Spa 俱樂部**
> （i.sawan Residential Spa & Club）
> 地址：5F, 494 Ratchadamri Rd., Bangkok
> 電話：+66-2-254-6310
> 費用：1,500 泰銖起（約合新台幣 1,500 元，營業稅及
> 服務費另計）

Am 攝

13 COMO 香巴拉 Spa 中心
低調奢華者的最愛

在曼谷頂尖 spa 圈內排行有名的「COMO 香巴拉 Spa 中心」（COMO Shambhala Urban Escape Spa），位在隸屬英國 COMO 集團在曼谷所開設的「曼谷大都會酒店」（Metropolitan）內，空間設計出自曾負責三宅一生、亞曼尼精品店的新加坡女設計師凱瑟琳（Kathryn Kng）之手，運用大量天然材質，融合東方禪味和西方低調美學，呈現淡雅舒適的氛圍。

館內從服務人員所穿著的川久保玲制服、提供的亞曼尼浴袍、專屬瑜伽墊、天然有機的盥洗用品、早晚安排免費瑜伽課的服務等等，在在展現出對客人的用心。以全天然保養方式設計，從泰式按摩到峇里島式精油按摩的服務都有，其中以提供精選精油、滋潤肌膚底層、完全放鬆身心的「COMO 香巴拉按摩」（COMO Shambhala Massage）最受歡迎。

文/宋良音

Info.
COMO 香巴拉 Spa 中心
（COMO Shambhala Urban Escape Spa）
地址：2F, 27 South Sathorn Road, Tungmahamek,
　　　 Sathorn, Bangkok
電話：+66-2-625-3333

美食篇 Gourmet

強調使用新鮮香料的泰國料理，味道強
烈卻細緻平衡，深受全球人士喜愛。

泰美味三大祕密

泰國菜非常講究口感及味道平衡，烹調過程更是繁複，把新鮮香料玩得徹底，廣受全世界人士喜愛。

14 酸甜鹹辣
多層次的平衡滋味

受到全球歡迎的泰國菜，已是料理顯學。

泰國本土之外的泰式料理名店不勝枚舉，像是遠在倫敦的「花」（Nahm）及哥本哈根的「金金」（Kiin Kiin），就分別在 2002 年及 2009 年獲得米其林星級餐廳榮耀，且經營者都不是泰國人，而是醉心於泰國美食文化的西方人。

一般人對泰國菜的刻板印象就是辣，事實上，泰國菜的味道雖強烈，卻很注重各種口味間的細緻平衡，而非只有辣味特別突出。來自澳洲的泰國料理名廚大衛·湯普森（David Thompson）就在著作《泰國菜》（*thai food*）中提到，泰國烹調本身有一種矛盾，使用氣味強烈的調味料，像是大蒜、辣椒及檸檬葉，而當這些食材互相交融，經由烹調，就能達到細緻巧妙的和諧，和食材原本的狀態大相逕庭。「如果說歐洲烹調的原則是維持簡單（keep it simple），那麼泰國料理就是要『維持平衡』（keep it balanced）。」

一道菜裡經常要加上 20 多種調味料，卻不互相搶味。豐富的食材創造出多層次的複雜口感，就連水果的滋味，也講求平衡。水果不是甜滋滋才好吃，泰國人會在水果中加一點鹽、辣椒，甚至油蔥，更引出細緻的果香風味。

15 杵和臼
香辛和諧的祕密武器

亞洲許多國家都有使用杵、臼做菜的習慣，泰國人更將這項工具的效能發揮得淋漓盡致。即便是一切講求效率的今天，泰國廚房裡還是少不了這對最佳拍檔。

泰國人會以杵、臼將新鮮的調味食材磨成泥狀，做成咖哩醬（curry paste），而這就是咖哩菜式的靈魂。食材要依不同特性，「依序」放入臼裡磨碎，通常順序是由硬、乾到軟、濕，每種材料要搗成漿狀，才能再放入下一種材料。在這過程中，食材的香氣和油脂會慢慢釋放出來，料理者也可依香氣來判斷每種調味料的使用是否平衡。

美食家胡天蘭曾受泰旅局之邀至曼谷品嚐泰國菜，她認為「細細搗製，各種氣味融於一盅的泰式醬料，是泰國菜出類拔萃的關鍵，辣椒紅、咖哩黃、長豆綠，更見濃郁美豔的色澤。」

相較於西方菜式，泰國菜更是用「鼻子」品嘗的料理，許多食材都具有強烈氣味。一般認為以杵臼研磨出的咖哩醬香氣更為濃烈，因為杵臼是將材料擠壓搗碎，而機器則是將食材切碎。泰國人愛用大理石材質的杵臼，材質耐久好用。

16 熱炒煲煮
   向中國借技法

古早時期的泰國料理，並沒有熱炒、快炒技法，這是由中國傳入的烹飪方式。就連中式炒鍋（Wok）的使用，都是受到中國的影響，而變化出自己的風格。以知名的小吃泰式炒河粉（Pad Thai）為例，雖有中菜影子，卻更是泰國滋味的正字標記。乾的細粿條加上高湯快炒，並以糖、魚露、羅望子（Tamarind）水、辣椒等調味，最後一定還要撒上碎花生。香 Q 的米條入口，甜中又有鹹、酸的滋味迸發出來，非常泰式口味。

受漢人影響的烹調技法，除了炒之外還有煲，加上皇室的食譜益求精緻，僧侶食物也要特別準備，泰式烹調不只是單純的拌、煮就上桌。許多高檔料理端上來時雖仍能看到食物原形（泰菜尚不至於像法國菜一般，以看不到食物原狀為追求境界），其實已經過多道手續處理，呈現複方口味。

此外，泰國人的餐桌禮儀，深受西方影響，同樣也轉變成為吃飯時不用碗筷、刀子，而是使用叉子、湯匙及盤子。右手拿湯匙、左手持叉子，以叉子將食物推進湯匙中再入口，或直接插起肉片、水果食用。至於筷子，泰國人則是吃湯麵的時候才會用，即便是吃炒麵，也還是以使用叉、匙為主。

在泰國既東方又西式的餐桌上，最能感受文化交融與包容之下產生的魅力飲食。

文 / 游惠玲、馬萱人

一大小吃文化

想要品嘗道地泰式酸辣美味，一定要上曼谷街頭試試小吃。
讓奔放的食物香氣滿溢口鼻，好好滿足一下五臟廟。

©達志影像

17 藏在街角的好味道
路邊小吃飄香

知名作家女王說，每次到曼谷一定照例要去路邊攤吃一碗新台幣30元的道地米粉湯麵，加上很多的魚露、辣椒，吃得滿頭大汗。

幾乎每一條曼谷街道都見得到攤販，炭爐與焦黑的炒鍋裡有熱騰騰的炒青菜、炭烤肉、濃烈的香料與口味清新的甜食。錢，在曼谷當然可以買到許多東西，卻無法讓你插隊：街道清道夫與市場小販，白領工作者或西裝筆挺的金融界寵兒，都得耐心等候。

勝利紀念碑（Victory Monument）與繁忙的石龍軍路（Charoen Krung Road）一帶，固然是小吃攤雲集之處，但曼谷人喜歡填飽肚子的地方，卻在中國城密密麻麻的狹窄街道上。這裡除了有供應燕窩等菜色的中式餐廳，也隨處可見泰國攤販端出綠咖哩、紅咖哩、鮮肉河粉。

攤販前的鍋子咕嘟冒泡，烤架滋滋作響，透著焦香的烤香蕉，甜香的氣味往攤子前飢腸轆轆的人龍飄去；炸魚餅（Tod Man Plaa）沾著酸甜辣椒醬汁，口味近似台灣發明的月亮蝦餅；熱呼呼的香辣泰式豬肉湯（Kuay Jap Nam Sai），強烈的香料味四處瀰漫；空氣中有著拌炒花生的香氣，及大刀劈開榴槤時飄出的甜腐味。隨意選幾樣試試，肯定能給你的味蕾帶來意外驚喜。

文 / 游惠玲

五道人氣料理

泰國菜有一種與眾不同的香氣，來自新鮮香料及天然食材的
巧妙融合，酸辣香甜刺激著味蕾，令人食過不忘。

18 青木瓜沙拉
小臼搗新香

泰國人做菜十分愛用新鮮香料，藍帶廚藝學院（Le Cordon Bleu）曼谷分校專業泰國料理班第一屆畢業生何亞威表示，一方面因為香料取得容易，另一方面則是因為從前沒有冰箱，烹調時必須以香料掩過肉味、海鮮味。

「搗」則是判斷泰式料理是否道地的方法之一。在小臼中以杵搗過各式香料，才能真正出味、融合，例如青木瓜沙拉（Som tom），木瓜絲也要和香料在臼中好好的一起搗一陣子，才能入味。

青木瓜沙拉在泰國隨處可見，街頭巷尾經常有小販沿街叫賣，泰國人可以不吃飯，卻絕對不能不吃涼拌青木瓜！在炎熱的天氣，配上一盤青木瓜沙拉，解膩又解熱，可說是庶民小吃代表作。

集鹹、酸、甜、辣於一身的青木瓜沙拉，製作時一定要準備石臼與搗棒，先將蝦米、花生搗碎，引出香氣，再加入青木瓜絲、切半的番茄、小段的長豆和所有調味料，經過輕搗使其入味。當檸檬香、蒜香、蝦香、花生香同時迸出的那一刻，深吸一口氣，屏息以待。

泰國當地居民吃青木瓜沙拉時，經常配著烤雞、生菜、糯米一起享用，餐館裡的青木瓜沙拉則更上一層樓，加料變成螃蟹木瓜沙拉、臭魚青木瓜沙拉、鹹蛋青木瓜沙拉等，十分澎湃。

文/夏凡玉、馬萱人

19 泰式綠咖哩
馥郁微辣

酸香微辣的泰式綠咖哩（Thai Green Curry），加入椰漿後，兩者一拍即合，宛如爆竹點火，迸發出濃郁的滋味。

綠咖哩可以和各種肉類搭配，最常見的組合是配上雞胸肉。神奇的是，透過椰漿的煨煮，雞胸肉不顯乾柴，意外的柔嫩芳香，成為雞胸肉的最佳詮釋者。

傳統綠咖哩的製作方式，是先用石臼搗杵材料，若無，也可使用食物調理機混合成膏狀後使用。一般來說，台灣販售的綠咖哩口味偏甜，泰國卻是甜中帶辣，辣中透香，配上泰國香米一起吃，香氣更為突出。

在烹調上有個小訣竅，綠咖哩醬得先炒香！用慢火炒出香味，再一點一點加入椰奶，一邊加一邊拌，接著放入雞胸肉輕炒，炒到濃得分不開，再加入少許椰奶煨煮。經過這過程，再放入魚露、糖調味，最後加入泰國青茄子、九層塔，完美的綠咖哩隨即上菜。

在泰國，沒有所謂「最好」或是「正統」的綠咖哩。對他們而言，香料比例是門學問，每個人都有自己的獨門配方。唯一相同的是，這溫柔馥郁的滋味，絕對泰式獨有。

文 / 夏凡玉

20 馬薩曼咖哩
輕辣溫潤

泰國代表性菜餚「咖哩」，是受到印度文化的影響；2011年，美國有線電視新聞網（*CNN*）舉辦「全球最美味 50 道料理」（World's 50 most delicious foods）讀者票選活動，泰國的馬薩曼咖哩（Massaman Curry）獲得第一。

與印度咖哩不同，泰式咖哩用的幾乎都是新鮮香料，若老是用乾燥香料或現成醬汁替代，就會失了泰國料理那股由鮮香料傳來的芬芳勁兒。事實上，在最正宗的泰菜系統中，連不下鍋的沾醬都得以天然食材從頭到尾自己調製。何亞威形容，泰式香料味，就是「新的味道」。例如，同樣是咖哩，印度、日本咖哩會用一些處理成乾燥、粉狀的香料，呈現較為濃稠的感覺；由新鮮香料組成的泰式咖哩，就沒有那熟成的味道了。

也是這一點，讓泰國的馬薩曼咖哩，有一種東西通吃、老少咸宜的魅力。由於加入了椰漿，讓馬薩曼咖哩溫潤許多，更多人能接受它的輕辣。羅望子醬則在這道菜的甜、鹹、辣之中，帶來一點酸的平衡與提味。想要辨識這道菜是否有道地泰國味，不妨仔細分辨其中是否有這一味酸香。

文 / 馬萱人

21 酸辣蝦湯
豐儉由人的國民湯

2007 年，法國百年廚藝學校藍帶與曼谷杜喜塔尼飯店（Dusit Thani Bangkok Hotel）合作，開設泰國菜課程，其中一道酸辣蝦湯是必學的泰國國民湯。

酸辣蝦湯可以豐儉由人，一般都使用高湯烹調，若無，直接以水來煮也可以。山區不易有蝦子，那麼用魚來做也行。正統華麗版的高湯則是以蝦頭取出的蝦脂肪加水熬成，過濾之後只用清湯。辣椒糊也要自己做，辣椒加香菜、以杵搗出香味即是。頂多加一點點市售辣椒醬添點油光。

文／馬萱人

©達志影像

©達志影像

22 泰式炒河粉
均勻掛汁最美味

泰式炒河粉堪稱最遠近馳名的泰式料理，運用炒蝦、檸檬、花生與河粉，搭配出甜甜辣辣的好滋味。口味各異的親友一起到泰國餐廳，選泰式炒河粉幾乎不出錯。

泰式炒河粉嘗起來偏甜，不像傳統泰菜認知上的酸辣。事實上，泰國中部（包括曼谷）的料理多半偏甜，那股甜味主要來自炒河粉的羅望子醬中的棕櫚糖（Palm sugar），也有人會另加白糖。炒得不油不水、形狀完整、掛汁均勻的河粉，最好吃。

文 / 馬萱人

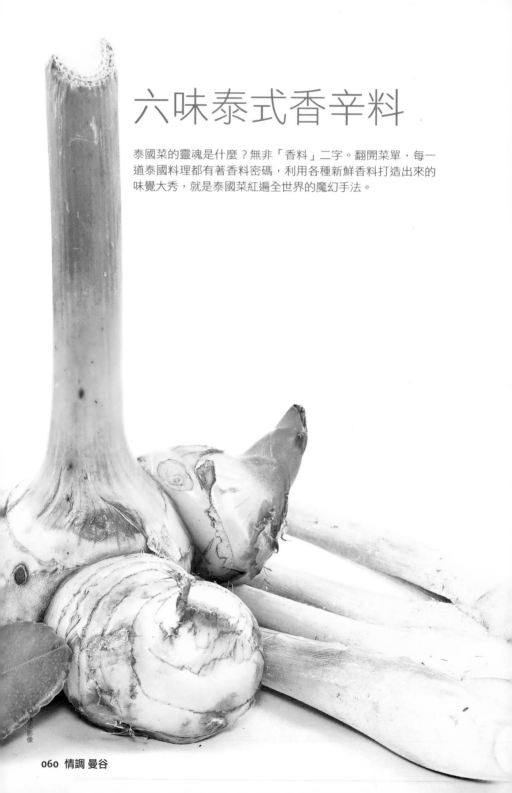

六味泰式香辛料

泰國菜的靈魂是什麼？無非「香料」二字。翻開菜單，每一道泰國料理都有著香料密碼，利用各種新鮮香料打造出來的味覺大秀，就是泰國菜紅遍全世界的魔幻手法。

23 香茅
清香的檸檬草

泰國香茅種類繁多，其中，最適合用來料理的品種就是「檸檬香茅」，因此，香茅又有「檸檬草」的說法。香茅，在泰國料理中相當普遍，可以拿來煮湯、醃肉，像是輕拍葉身用來蒸魚，即是庶民手法。著名的料理「冬蔭功」，也就是泰式酸辣湯，喝起來滋味濃郁，有股「提神醒腦」的勁道，而裡頭的香茅，就是畫龍點睛的那一筆。

除了入菜，泰國人也常將香茅熬煮成日常飲品，具有消暑解熱之效，煮飯時也常加入香茅，為白飯增添一股迷人氣息。

24 南薑
溫潤滋補聖品

泰國產薑，是全世界薑科植物的多樣性中心之一。泰國的薑有 26 屬，超過 3 百種的驚人品種，其中，在泰國人民的生活中扮演吃重角色者，就是高良薑，又稱南薑，也是泰國菜裡最重要的代表香料之一。

與台灣老薑相較，南薑色澤偏橘黃色，不若老薑辛辣，較為溫潤。泰國人將南薑視為日常補品，是食材，也是藥材。在烹調上是一級棒的去腥佐料，無論鹹甜，都可讓食材味道更形突出。一道溫暖的椰汁南薑雞湯，就是泰國尋常人家最常見的滋補聖品。

25 小辣椒
越小越帶勁兒

泰式辣味有各式辣椒齊發功，泰國辣椒種類多，通常體型越小的越辣，像是「鳥之眼」（Bird's Eye）品種，小巧，但辣度破表。

這種身體渾圓、個頭比子彈還小的泰國小辣椒，最受當地人青睞。它的顏色宛如烈焰紅唇，皮薄多子，嗆辣度一流，在泰國市場中，一年四季都可見其蹤影。

由於泰國地處濕熱，因此泰國人習慣食用辣椒發汗解熱，也用來提振疲熱的味覺。除了直接入菜，泰國小辣椒也經常被做成乾燥香料，廣泛地運用在各種料理。

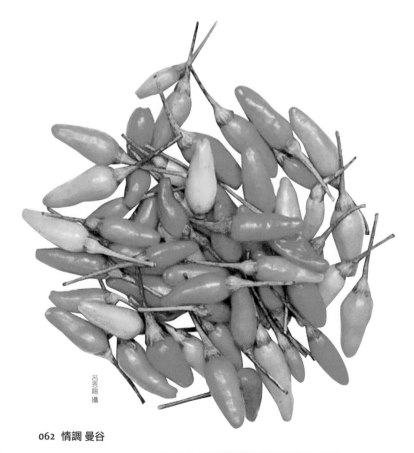

呂恩賜 攝

© 達志影像

26 泰國檸檬葉
淡雅柑橘花香

泰國檸檬又稱「亞洲萊姆」、「泰國青檸」，與台灣檸檬不同，台灣檸檬表皮光滑，泰國青檸檬的表皮則是凹凹凸凸。特別的是，泰國檸檬的葉片，有著強烈的花香柑橘香氣，比起檸檬本身更加纖細幽香且優雅，也因此更受泰國主婦的歡迎。

泰國檸檬葉（Kaffir lime leaves，又稱馬蜂橙葉、青檸檬葉、卡菲萊姆葉）的柑橘香味，非常適合用於海鮮料理。泰國人喜歡將檸檬葉剪成細絲，或是用手捏碎，在烹調初始就要加入，以慢火帶出它的清香滋味。泰國名菜如綠咖哩雞、檸檬魚，都少不了它的存在。

運用泰式香料時，也要仔細確認品種，差那麼一點就不是那個味兒。例如，食譜上說要用泰國檸檬葉就要用泰國檸檬葉，若是以一般檸檬葉替代，只會產生浪費一盤菜的後果。

27 打拋葉
苦中帶甘香氣濃

打拋（Holy Basil，泰文 Bai Grapow，正確發音為「嘎拋」），是羅勒的一種，氣味類似台灣的九層塔，但兩者香氣大大不同。九層塔的莖為紫骨，打拋葉則多為白莖，葉片成卵圓形，有缺刻，外觀與九層塔明顯不同，味道略苦卻顯甘美，香味十分濃郁。

說到打拋，腦海裡第一個浮現的，當然就是超下飯的打拋肉！做為泰國特有的蔬菜香料，打拋入菜除了可以做成打拋豬、打拋雞、打拋牛之外，也經常用於炒海鮮、炒茄子，只要佐以魚露和棕櫚糖，就能做出一道老少咸宜的家常好料。

呂恩賜 攝

© 達志影像

28 香菜根
搗碎後提鮮去腥

香菜，是台灣人喜愛的辛香料，想不到吧，泰國人也同樣愛這味！只是，台灣人食用香菜時，會把最底部的根去除，只吃上頭的葉片與莖段，而泰國人恰恰相反，在他們眼裡，香菜最珍貴的一段，就是香菜根！

事實上，香菜的根部的確比莖部氣味重，泰國廚師就視此為廚房法寶，在處理味道重的菜餚時，只要把香菜根放進臼裡搗碎後，再拿來醃製、煮湯、燉肉⋯⋯都能提鮮去腥，讓味道更加自然醇厚。

文/夏凡玉

四款調味祕方

醬油、烏醋、砂糖、米酒是台灣媽媽最常使用的廚房四寶，甜鹹酸香全在裡頭！泰國媽媽則是用羅望子、棕櫚糖、魚露、椰奶，打造出宛如精靈魔法一般的開胃料理。

29 羅望子
生津解渴很耐煮

泰式料理中的酸，多半來自羅望子這果子，而非白醋、烏醋等。羅望子又稱酸豆、酸子，吃起來酸酸甜甜，生津解渴。

在泰國的廚房裡，常見羅望子膏，做成宛如肥皂大小，使用時切下數個小塊，加些冷水，就可當成天然醋使用。成熟的酸子就比較甜，常用於甜點，或做成羅望子汁。

許多人都以為檸檬是泰國菜最主要的酸味來源，事實上，檸檬不耐煮，除了涼拌菜之外，大多數的酸辣湯、酸咖哩等湯品，酸子才是幕後英雄呢！

© 達志影像

30 魚露
超級國民調味聖品

魚露,顧名思義就是使用新鮮魚類醃製而成,其本身的鹹味及天然海味,可以取代食鹽,可用於炒菜、涼拌、烤肉、煮湯等,尤其適合拿來當蘸醬使用,只要加上檸檬、辣椒、棕櫚糖,酸辣甜鹹四味一體,就是泰國料理中的無敵蘸醬。

值得一提的是,俗話説:「人不可貌相,海水不可斗量。」使用魚露千萬不可豪邁,魚露的鹹腥味特重,輕點兩下就滋味濃重,慢點加,輕點嘗,才能做出美味適度的泰式料理。

31 椰奶
柔和潤口甜鹹皆宜

椰奶來自熟成的椰子，當椰子外皮呈棕色時，核內的果實就會變成厚質的果肉，將這層果肉刮下加水磨碎，濾去椰子碎肉後，就是如同牛奶般香醇的椰漿，因而有椰奶之稱。

泰式料理中，經常在沙拉會淋一層椰奶來增加風味，或與南薑等香料一同燉煮成椰奶雞湯，泰式咖哩醬是以椰奶燉咖哩，飯後甜點椰漿西米露與椰子糕，也是不可錯過的泰式甜點。

© 達志影像

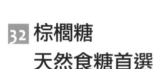

© 達志影像

32 棕櫚糖
天然食糖首選

經常聽到泰國椰糖，其實就是棕櫚糖。泰國盛產棕櫚糖，因此將它當成主要甜味來源。棕櫚樹是自然繁衍，需要 20 年的生長，等成熟後才能採汁製糖，它的糖甜度高，卻不含砂糖成分，富含維生素和礦物質，升糖指數也是天然糖製品中最低的，真是食糖首選。

無論從有機觀點、健康取向，或是關心卡路里的攝取，棕櫚糖都有難以取代的地位。下次去泰國吃涼拌木瓜絲，或是摩摩喳喳等甜點時，不妨放心地多吃兩碗吧！

文 / 夏凡玉

三家上榜餐廳

泰國第一的「Nahm」，找回失落的泰國傳統食譜，重現宮廷經典料理；「Gaggan」結合了印度街頭小吃及分子料理，現在是曼谷當紅的潮餐廳；加上拿下「最佳女主廚」的泰國料理餐廳「Bo. lan」，是到曼谷不能錯過的 3 家餐廳。

Ann 攝

33 Nahm
失傳的皇家宮廷味

2013 年，以舉辦「世界最佳五十餐廳」評選活動聞名的英國專業飲食雜誌《餐廳》（*Restaurant*），首次頒發「亞洲最佳五十餐廳」（*Asia's 50 Best Restaurants 2013*）獎項，光是曼谷，就有 3 家餐廳上榜。

榮獲泰國第一名餐廳頭銜的「花」（Nahm），主廚不是泰國人，而是來自澳洲的西方人大衛・湯普森。早在 2001 年，湯普森就在倫敦開設了第一家「花」，隔年，「花」拿下米其林一星，成為全球第一家獲得米其林光環的泰國餐廳。相隔近 10 年，湯普森才在曼谷開設了第二家「花」。

你可能會好奇，一個西方人，能夠理解泰國菜的精髓嗎？這位有「泰國料理學者」之稱的名廚，曾跟著一位被他暱稱為「奶奶」的女士學做菜，這位奶奶過去曾在皇宮裡為達官貴人打理餐食，湯普森就這樣打開了細緻多元的泰國皇室料理武功秘笈。

而後，湯普森更用心蒐集家庭食譜，研究許多已見失傳的菜色，一一記錄下來。他的第一本著作《泰國菜》，除了讓許多經典泰國菜色重現之外，更仔細爬梳了泰國料理的歷史文化與相關知識。

「花」從失傳菜色中延展出的招牌創意菜色，包括以椰殼燻烤的淡菜咖哩、燻魚咖哩配上雞肝及鳥蛤，還有燉煮鯖魚配上羅望子蝦醬甜豬肉等，即便在泰國本地也不多見。

親自體驗，我們發現甜點也是一絕，光是椰漿的風味就醇厚扎實，加入了茉莉花香，讓椰湯入口後，花香餘味仍能縈繞。以香蘭葉染色的軟 Q 綠米條、鬆香的紫色芋頭、具咬勁的黑糯米、馨香飽滿的白色椰肉，每種材料，都處在最好的狀態，口感、香氣、顏色、味道，彼此平衡而和諧，不只是甜，感覺還有點隱隱約約的鹹味。原本以為只是常見的甜點，卻能表現出超凡的滋味。

Info.
花（Nahm）
地址：Ground floor, Metropolitan Hotel, 27 South Sathorn Road, Bangkok
電話：+66-2-625-3388
交通：搭乘 BTS 輕軌電車至 Sala Daeng站，轉搭計程車約 10 分鐘
招牌菜：皇室咖哩雞、煙鵪鶉蛋豬肉脆餅捲、炸青蛙腿

34 Bo.lan
老派細緻的傳統風味

於 2013 年「亞洲最佳五十餐廳」中奪得第 36 名，同時拿下「最佳女主廚」頭銜的泰國料理餐廳「缽蘭」（Bo.lan），女主廚桑維薩瓦（Duangporn Songvisava，又名 Bo）是大衛‧湯普森的徒弟，從西方世界回頭看見泰國料理的豐富性，致力於推廣泰國在地食材及飲食文化。

餐廳菜色堅守泰國傳統風味，不因外國觀光客而調整口味，美國《時代》雜誌就以「Old School Thai in Bangkok」（曼谷的老派泰國風）為標題報導她。

雖然老派，但餐廳流露木質的溫暖自然感，菜餚擺盤細緻、器皿別出心裁，將傳統菜色提升至另一個美學境界。餐廳結合義大利慢食運動概念，使用在地的季節食材，菜單上更強調產地來源。

> Info.
> **缽蘭（Bo.lan）**
> 地址：24 Soi Sukhumvit 53, Klongtonnua, Watlana, Bangkok
> 電話：+66-2-260-2962
> 交通：搭乘 BTS 輕軌電車至 Thonglor 站，步行 10 分鐘
> 招牌菜：綠咖哩牛肉、茄子煲大蝦、辣味排骨湯

35 Gaggan
新派分子印度菜

來到 2013 年「亞洲最佳五十餐廳」第 10 名的印度餐廳「加根」
（Gaggan）用餐，置身在白色殖民風的優雅建築中，可以嘗到全
球獨家的新派印度街頭小吃。

「加根」現在是曼谷當紅的潮餐廳。印度主廚加根（Gaggan
Anand）將印度街頭小吃結合分子料理，讓用餐過程充滿驚喜。例
如將傳統的優格蔬菜沙拉（Raita）製作成固體的「球形」，或是
改變香菜醬的濃厚質地，轉為輕盈的泡沫。

這裡的每道菜都似曾相識，卻又顛覆一般人的既定印象，而且風味
濃烈，品嘗過的人都對餐點的美味度讚譽有加。

文 / 游惠玲

Info.
加根（Gaggan）
地址：68/1 SoiLangsuan, Ploenchit Road, Lumpini,
　　　Bangkok
電話：+66-2-652-1700
交通：搭乘 BTS 輕軌電車至 Chit Lom 站，步行約 10
　　　分鐘
招牌菜：泡沫生蠔、法國鵪鶉

建築 Architecture

近十年的曼谷建築與居家空間，不斷迸發出新的可能性，令人眼睛為之一亮。

兩大建築趨勢

尊重自然、充滿綠意的建築設計概念，正在曼谷蔓延，身在
其中，可以充分感受人與自然達成平衡的溫暖舒適。

36 大自然豪宅
追求和諧舒適

長期觀察東南亞建築的西方作家羅伯‧鮑爾（Robert Powell），在其著作《現代泰國住家》（*The Modern Thai House*）中，提到了多項現代泰國建築的特點：因為尊重自然，許多建築都有「被動式設計」的永續概念，像是庭院或是迴廊等過渡空間的設計，都能減低陽光的照射，並增加通風。

部分建築師在蓋房子時，甚至為了不砍伐任何一棵樹，乾脆讓樹木「長在房子裡」，出於疼惜自然之心，造就視覺上的趣味焦點。

一般泰式居家即便沒有強調風格的裝潢，卻都有著對花園的重視、對水的情感、對自然材質的運用、對香氣的使用等，保持了一種人與自然平衡的溫暖舒適。

鮑爾說，這些經過細膩設計的建築，在 21 世紀初的泰國大量建造，部分建築設計甚至超越世界水準。

這些以人與自然為出發點的建築設計概念，讓即便身在大城市中的我們，也能覺得自己離自然好近。保留陽台、多設計個迴廊，只要打開窗，就能感受裡外無界線（borderless）的放鬆感，這才是所謂真正的「豪宅」及「生活情調」。

文 / 游惠玲

曼谷大都會公寓

37 打造新式熱帶亞洲空間

全球最受歡迎的城市在哪？不是紐約、巴黎，而在曼谷。除了來自於全球各地的觀光客之外，友善、開放的曼谷向來就是東西文化交會之地，其多元文化更有如磁鐵，吸納創意、設計人前來此地定居，又讓曼谷迸發更多搶眼設計。

新加坡團隊 WOHA，在曼谷所打造的高樓住宅「大都會公寓」（The Met），於 2010 年拿下「國際高樓獎」（The International Highrise Award）的「最佳高樓」（Best Highrises）獎項。設計者受到傳統泰國建築的啟發，讓這座達 66 層樓高的住宅，每一層樓的水平面都有植栽，垂直面上也覆蓋了植物，每戶單元公寓均為南、北坐向，並能通風、四面採光，為擁擠的熱帶亞洲，帶來新的居家可能性。

曼谷的國際化與包容性，吸引世界級的優秀建築團隊來此創作。許多的泰國中生代建築師，在前往西方取經後，也重新回頭思考最適合泰國的新建築。尊重自然、以人的生活方式為重點來設計居家，打造能夠適應熱帶環境氣候的空間，是泰國當代建築師所重視的課題，也讓泰國建築的姿態更加多元。

Info.
大都會公寓（The Met）
地址：123 South Sathorn Road, Yan Nawa, Sathorn, Bangkok

一大傳統泰屋

泰國傳統木屋，為避免動物與洪水侵害，多為高腳屋。格局與大小相近，為的是易於重組、不浪費資源，堪稱為綠建築的始祖。

38 泰屋
最古典的綠建築

20 世紀建築史中的現代主義先鋒、法國建築師柯比意（Le Corbusier），最重要的新觀念之一是提出「模組化」的概念，也就是嘗試讓建築元素規格化且能事先預鑄，以期能快速而準確地蓋出大量房子。其實，泰國傳統木構造民居的師傅早就這麼做了。

如果你在泰國有機會看到一定數量的傳統木屋，會發現，木屋的格局與大小都很像。這可不是師傅沒創意或愛偷懶，而是，根據《泰國建築》（*Architecture of Thailand*）所述，他們會將房屋組件預先做好、盡量做到一致，將來才能易於重組或抽換其中若干部分。不浪費資源、走減法哲學，說來，這也是古典定義的綠建築了。

泰國傳統建築的共通點，是愛用木料，尤以當地盛產的柚木為多。多半是高腳屋，主要為了避免動物與洪水的侵害。有些水上人家的地板木條甚至只是鬆散地放著，以因應水位升降。皇室住家比一般民宅更近於地面、裝飾則繁複許多。

文 / 馬萱人

泰屋十大元素

為了因應當地氣候環境打造的泰式傳統木建築，耐用、通風
還能防洪，10 大關鍵建築元素值得學習。

39 斜式屋頂，利於排水

因應泰國中部平原常有的豪雨與高溫，這一區的傳統民居屋頂多半是高挑、傾斜、略為內凹的形式，三角形或長方形皆有，以利排水、通風、隔熱。

40 山牆封簷，保護屋瓦

為了保護屋瓦或屋頂上覆蓋的茅草，屋頂邊簷（又名「山牆」）會以略微突出的木片封住來保護，以求延長使用壽命。

41 鉤狀屋簷，華麗裝飾

屋簷底部通常飾以鉤狀花紋裝飾（名為「簷」）。當然，越有錢的人家會做得越複雜、華麗，鑲金包銀也是有可能的。

42 涼廊休憩，隔熱防潮

半戶外的涼廊可以隔熱、防潮，並供休憩，是優良的泰國中央平原傳統民居必備的建築元素。通常兩尺寬，且和大露台連結。

43 開放底層，防洪多用

中部屋舍常建於河流或運河旁，便於取水、交通。但也要提防水災，因此多半是高腳屋，不下雨時底層可做手工、養雞鴨。

44 牆柱內傾，強化建築

由於這類樓層低的木構造房屋通常沒有地基，堅固的木頭牆、柱多半還會稍微內傾，略成梯形，以強化建築結構。

45 開對窗戶，通風涼爽

在這氣候潮溼之處，有智慧的蓋房子師傅會將窗戶開對位置，以製造良好的空氣對流。窗戶造型通常也會搭配梯形屋型。

46 門前水缸，洗手淨足

泰國早年生活並無家具，人們席地而坐，吃飯、睡覺都在同一塊地板上，因此要維持雙足乾淨，門口常備水缸或水池可供洗手淨足。

47 室外樓梯，節省空間

傳統泰國民居若有樓梯會置於戶外，一進門就是起居室，以充分利用室內空間。

48 屋外樹下，活動乘涼

古早的泰國人會在屋外一角多種樹，創造便利又蔭涼的家庭活動區，也可以在此豢養家畜。

文 / 馬萱人

六大必訪寺廟

尊佛教為國教的泰國，城內隨處都能見到以「Wat」表達寺廟之意的字樣，除了建築有顯著的特色，更不乏有重要歷史、政治意義者，都值得細細漫遊造訪。

49 大皇宮
金碧輝煌象徵泰國皇室

曼谷最具傳統意義的建築，即為大皇宮（The Grand Palace），坐落在曼谷西部湄南河東岸，1782 年由卻克里王朝開創者拉瑪一世建造。

泰國皇室是全球皇室最富有的家族之一，所以這座具有濃郁泰國色彩的建築群，只能用金碧輝煌來形容。占地 2 公頃、長達 1,900 公尺圍牆，十分壯闊。主要由摩天宮殿（Phra Maha Monthian）、玉佛寺（The Chapel Royal of The Emerald Buddha）、節基皇殿（Chakri Maha Prasat Hall）3 大建築群組成，採傳統泰屋的木製風格建造。

摩天宮殿是大皇宮的主建築，從 18 到 20 世紀都是暹羅王國的皇宮，也是泰國皇室成員居住的地方，直到 1946 年泰國國王拉瑪八世在宮中遇刺，拉瑪九世才將王室搬到吉拉達宮（Chitralada Palace），不過摩天宮殿仍是泰國皇室的象徵，平常由衛兵駐守不開放，但仍做重要慶典之用，而目前的泰皇則是居住在杜喜宮（AbhisekDusit Throne Hall）。

節基皇殿是由新加坡建築師設計融合西式和泰式的建築，是拉瑪五世度過童年的地方，也是妻兒居住的宮殿和餐廳所在地，但現在則是王室的藏骨堂和武器博物館。

Info.
大皇宮（The Grand Palace）
地址：Na PhraLan Rd, PhraNakhon, Bangkok
電話：+66-2-623-5500
開放時間：08：30 ~ 16：30（午間不休），15：30後
　　　　　停止進入；舉行皇室儀式時閉館
交通：搭乘 BTS 輕軌電車 Silom 線至 Saphan Taksin 站，
　　　轉搭湄南河快船（Chao Phraya Express Boat）
　　　於 9 號碼頭 Ta Chang Pier 下船，步行 7 分鐘

50 玉佛寺
最美的金色護國寺

屬於大皇宮一部分、位在大皇宮東北方的玉佛寺（Wat Phra
Kaew），約占皇宮 1/4 大；拉瑪一世在 1782 年建造大皇宮時，為
了守護國家而將玉佛安放在宮中，因此成了泰國皇室的護國寺。

被喻為是曼谷最美寺廟的玉佛寺，四周採八角形柱、鍍金刻花尖形
屋頂、哥德式風格窗戶建造成，寺內並沒有僧侶居住，僅是供奉玉
佛，做為皇家禮佛儀式、祭祀和舉行泰皇登基加冕典禮的地方。

主殿中的玉佛是 1464 年所雕刻，高 66 公分、寬 48.2 公分的佛
像，頭髮和衣領皆採純金打造，為了象徵佛祖的崇高和美麗，製造
時還融入紅、藍寶石和鑽石、水晶等，並在每年 3 個季節由國王
主持玉佛更衣儀式。

殿內共有 40 根四角形立柱營造宏偉開闊空間，周邊則有闡述釋迦牟尼佛由誕生到涅槃過程的壁畫，與廊下 112 尊鳥形人身和青面夜叉王的金像裝飾，天花板上還運用了各種神話故事和符號，來表示佛經中各種喻意。更有高達 100 公尺的錐形祭壇，上面環繞的佛像都是每次戰爭勝利的象徵。

除了玉佛主殿，每年 4 月 6 日才開放參觀的碧隆天神廟，不僅可看到泰皇的紀念像，更可見外牆貼滿讓人歎為觀止的藍色和綠色亮

瓷。彩繪迴廊上繪製以泰皇拉瑪一世改編印度史詩《羅摩衍那》
（*Ramayana*）的 178 幅繪畫，被認為是泰國傳統舞蹈的起源。

Info.

玉佛寺（Wat Phra Kaew）
地址：Thanon Na PhraLan, Phra Borom Maha
　　　Ratchawang, Phra Nakhon, Bangkok
電話：+66-2-224-1833
開放時間：08：30 ～ 16：30（午間不休），15：30後
　　　　　停止進入；舉行皇室儀式時閉館
交通：從大皇宮旁通過小門和迴廊即可到達

51 臥佛寺
全球第二大金身臥佛

臥佛寺（又名 Temple of Reclining Buddha），建於 1788 年，是曼谷最大最古老的寺廟，以供奉全泰國最大的寺內臥佛聞名，也因仿造佛祖涅槃時的姿態，又稱為涅槃寺。

此尊臥佛長度有 46 公尺、高 15 公尺，是全世界第二大的臥佛像，全身不僅貼滿金箔，在長達 5.8 公尺足底還有 108 尊由珍珠貝鑲成的如來佛祖像。佛像身後更有條由 108 個僧缽排列而成的通道，可一枚一缽、投幣許願，是當地獨特的祈禱方式。

正殿外還有排列成 T 字形，直上雲霄的「泰國式佛塔」，上面分別鑲嵌了青、白、黃、藍四色瓷磚，和 91 座貼上金箔、彩色瓷片的小塔，與據説超過千尊的佛像，而讓這座寺廟得到萬佛寺的美名。另外，拉瑪三世時期以「拉瑪堅」故事為背景的 154 幅浮雕，與闡述釋迦牟尼一生為主題的巨幅壁畫，都是必看之處。

特別的是，寺內有提供泰式 spa，因為這裡是醫學和泰式按摩的發源地，結合古代醫學理論基礎來進行推拿，與曼谷一般按摩店不同，許多人都專程慕名而來。

Info.
臥佛寺（Wat Pho）
地址：2 Sanamchai Road, Grand Palace Subdistrict,
　　　Pranakorn District, Bangkok
電話：+66-2-226-0335
開放時間：09：00 ~ 17：00
交通：搭乘 BTS 輕軌電車 Silom Line 線到 Saphan
　　　Taksin 站，由 2 號出口步行到 Sathorn 碼頭，轉
　　　乘交通船到 N8 碼頭 Tha Tien 站後，步行 1 分
　　　鐘；或沿大皇宮南牆步行 10 分鐘到達；也可搭
　　　乘公車 12、47、53、82 號，至 Maha Rat Road
　　　站下車

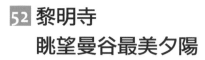

52 黎明寺
眺望曼谷最美夕陽

與其說黎明寺（Wat Arun）是廟，還不如說是塔，因為這裡是由 1 大 4 小的佛塔所組成。就在昭披耶河畔的黎明寺，和泰國其他古蹟很不同，少了金碧輝煌，加上可以攀爬，等於能站上高塔看到河裡來來往往的船隻，體會曼谷和水密不可分的關係。

黎明寺又名鄭王廟，是紀念第一位海外華人皇帝鄭信，且供奉印度教中黎明神（Aruna）的廟宇。當時鄭王帶兵擊退緬甸軍後，乘著軍船在黎明破曉時分經過寺廟，並上前膜拜，登基後便正名為黎明寺，納入皇宮範圍，坊間也稱為鄭王寺。這是泰國規模最大的大乘舍利式塔，為昭披耶河畔旁最古老的建築。

目前看到的黎明寺改建自拉瑪三世之手，塔高 67 公尺，為了呈現鄭信華人血統，寺中擺放眾多穿著中國古式裝扮的石像，塔上裝飾有方形塔，很值得欣賞的是，塔面由碎瓷器、貝殼拼貼成的圖案，原本損壞毫無用武之地的瓷器因此有了新生命、新美感，神將金那羅、女天神金那利的雕像皆點綴其中。由於鄭王是武將，信徒到此參拜都會買一把劍供奉，並將香紙上的金箔撕下貼在鄭王身上，祈求財富與生意興旺。

由於黎明寺坐西向東，一直以來也是曼谷夕陽美景之一。攀上斜陡的 3 層樓階梯，能近距離觀賞廟宇上的細節，與眺望昭披耶河畔美景和對岸的皇宮景象，河對岸黎明居（Arun Residence）裡的餐廳，是絕佳觀景處。

© 達志影像

Info.
黎明寺（Wat Arun）
地址：No. 34, Arun Amarin Road, Kwang Wat Arun, Khet
　　　Bangkok Yai, Bangkok
電話：+66-2-891-1149
開放時間：08：30～17：30
費用：泰銖 50 元（約合新台幣 50 元）
交通：搭乘 BTS 輕軌電車 Silom Line 線到 Saphan
　　　Taksin 站，由 2 號出口步行到 Sathorn 碼頭，轉
　　　乘交通船到 N8 碼頭 Tha Tien 站後，再坐船到
　　　對岸；也可搭乘公車 19、57、83 號，至 Arun
　　　Amarin 站

53 雲石寺
泰歐融合建築藝術

曾登上郵票圖示的雲石寺（Wat Benchamabophit），是泰銖 5 元硬幣背後圖案，也是泰國人心中極具地位的寺廟，由泰皇拉瑪五世於 1899 年興建。由於喜歡歐式風格，拉瑪五世將該寺委由義大利建築師設計，因建築師在寺廟正殿的寺柱、地板、牆壁與大門兩側設石獅子守衛，大量運用義大利進口的大理石，而被稱為雲石寺。

外觀雖是傳統的泰式風格建築，主殿內卻採西式教堂的十字形平面形式，窗戶更仿造西歐教堂建築風格，還用彩色玻璃拼組泰式花格樣式，梁柱則採用金和漆粉飾交錯建構，營造出細膩精細感，可說是泰國佛寺中成功融合泰歐建築特色的代表。

寺內包括佛殿、佛學院、藏經閣等建築，主殿除供奉高約 3 公尺的釋迦牟尼金佛，還有一列靠牆而立的青銅佛像。後頭一座雲石鋪地庭院，陳列泰國約 51 尊歷代佛像，更有佛像藝術博物館（Benchamabophit National Museum），蒐藏有東南亞的佛像藝術真品和複製品，使得許多佛教徒特地到此朝聖。造訪雲石寺的最佳時刻是在清晨，因為能聆聽到僧侶肅穆的梵唱聲，讓這座寺廟巡禮更有氣氛。

Info.
雲石寺（Wat Benchamabophit）
地址：69 Rama V Road, Chitralada, Bangkok
電話：+66-2-282-7413
開放時間：08：00～17：30
交通：搭乘公車 10、16、23、70、99、201 號

54 小小四面佛
擠滿海內外信眾

具泰國代表印象的四面佛，最出名的一座，就位在「曼谷四面佛君悅飯店」，之所以為人所知曉，要從 1956 年說起。

當時興建「艾魯灣飯店」（Erawan，現為曼谷四面佛君悅飯店）時，工程期間接連發生災難，讓飯店老闆不得不尋求解決之道，一位婆羅門祭司表示，因這家飯店是以印度神話中的三頭象神（Erawan）為名，所以應要有能駕馭大象之人，也就是四面佛印度婆羅門教的創造之神──南無大梵天王（Lord Brahma），因而建了四面佛壇；後再請道士作法後，工程一切順利。從此，四面佛盛名遠播，一直到現在都可以看到這個小小區塊，總是擠滿慕名而來的信眾，名氣遠揚海外。

四面佛有 4 張臉與 8 雙手，除了 1 手打手印，7 隻手分別持令旗、佛經、法螺、明輪、權杖、水壺、念珠，代表了智慧、賜福、消災降魔等。四面的每一面，除了分別表示慈、悲、喜、捨，依序也掌管包括功名事業、愛情婚姻、富貴錢財與健康平安，由於祂喜歡大象和 7 色花，所以信徒都會帶鮮花和大象飾品前來祈福。參拜時應順時針每面參拜，且都須插上 3 炷香、1 根蠟燭、掛上 1 束鮮花，還願時記得準備祭品、木雕象，或請舞者表演傳統歌舞，表達感謝之意。

文 / 宋良音

Info.
四面佛（Erawan Shrine）
地點：Ratchaprasong 路和 Ratchadamri 路交接處，
　　　「曼谷四面佛君悅飯店」旁
開放時間：24 小時
交通：搭乘 BTS 輕軌電車於 Chitlom 站 6 號出口出站；
　　　或搭 MRT 地鐵在 Siam 站下車向東走 10 分鐘；
　　　也可搭乘公車 4、5、13、14 及 204 號

三大創新建築

有「尊貴又美麗的天使之城」涵義的曼谷，除了充滿歷史的佛寺和皇宮建築之外，近年來也多了不少「怪怪建築物」，讓世界看見更多曼谷的創新設計。

55 機器人大廈
趣味友善的高科技建築

機器人大廈（Robot Building）座落在曼谷知名沙吞商務區（Sathorn），因貌似機器人外型而得名，這是亞洲銀行委託泰國知名建築師忠財（Sumet Jumsai）於 1986 年完成。當初的設計理念，是為了符合亞洲銀行的董事，希望可以反應出新的電腦銀行管理世代，代表著友善、高科技，因此忠財以他兒子的玩具機器人為構想而建造。

由於機器人大廈使用的「現代主義建築」（modern architecture）風格，到 80 年代中期已於曼谷消失，使得這個造型奇特新穎的大樓，遂而成為 20 世紀 80 年代末期的曼谷建築代表作品，贏得不少美國相關建築獎項榮譽，包含洛杉磯當代藝術館（Museum of Contemporary Art, Los Angeles）將之選為世紀 50 座開創性建築之一，而忠財也因這座建築獲得不少世界建築獎榮譽。

機器人大廈高 20 層樓，造價達 1 千萬美元，建造時四邊兩側都設計在 18 度的傾角線內，為迎合外觀機器人造型，內部也做了調整，包含 1 樓兩側雙挑高銀行大廳，並在第 4、8、12、16 和 18 樓層逐漸減少樓面面積，使外觀線條有所變化。

大廈立面則以抽象方式表現眼睛、雙臂、胸部、雙腿部分，並運用交錯線條呈現立體感，還裝飾上螺釘、螺帽、齒輪等機械零件，讓機器人意象更顯著。雖說目前大廈不對外開放，只觀賞外觀，也會覺得不虛此行！

Author: Sumet Jumsai © wikipedia Commons

Info.

機器人大廈（Robot Building）
地址：191 South Sathorn Road, Bangkok
交通：搭乘公車 162 號至 Sathon Tai Rd 站，大約步行
　　　5 分鐘

56 大象大樓
象徵傳統迎向未來

談到泰國印象，大象絕對不會缺席。大象在歷史中常扮演保護國家的角色，而受到泰國人的敬畏和尊敬。完成於 1997 年、坐落在北曼谷商務區和恰圖恰區（Chatuchak）的大象大樓（Elephant Building，又稱為大象塔，Elephant Tower 或 Chang Building），對泰國的意義不可言喻，不僅代表泰國傳統歷史文化的呈現，更對泰國邁向未來有著顯著的指標性意義。

這座高 102 公尺、長 171 公尺、寬 40 公尺的建築，同樣出自泰國知名建築師忠財之手，其高聳姿態在 2013 年被美國 CNN 評選為世界全球 25 大摩天大樓之一，古意的圓眼睛、可愛象鼻、黃色象牙、細長黑色尾巴的立體派抽象設計，並採巨大方塊狀立面顯示身軀的造型，趣味十足。

目前在 32 層樓，由 7 大部分組成的內部，不僅聚集許多設有高科技設備的辦公室，還有購物中心、銀行、郵局在其中，甚至還包含游泳池、語言學校，並規畫了豪華住宅套房，可説是一棟兼具娛樂、教育、居住的全方位功能建築。

Info.
大象大樓（Elephant Building）
地址：3300 Phahonyothin, Chom Phon, Chatuchak,
　　　Bangkok
電話：+66-2-937-4858
營業時間：09：00 ~ 18：00
交通：搭乘 MRT 地鐵至 Phahon Yothin 站 3 號出口，
　　　過天橋到達 Central Plaza Ladprao，再沿著
　　　Phahonyothin 路直走；或出站後搭乘公車 104
　　　或 24 號，看到大象大樓過了十字路口後即抵達

57 新曼谷國際機場
幾何造型發出寶石光芒

多年前移居曼谷的設計師葉裕清說，來過曼谷的旅者，都可從一到新曼谷國際機場（Suvarnabhumi International Airport），感受到這裡有多「國際化」。葉裕清說：「新曼谷機場雖沒香港機場的明星建築師福斯特（Norman Robert Foster）的光環，亦沒新加坡樟宜機場（Singapore Changi Airport）的「好玩」（有世界最高的溜滑梯），但這裡絕對也讓初到曼谷的旅人驚訝，無論你是等搭飛機、按摩、小酌，或是逛買禮物。」

占地約 32 平方公里的新曼谷國際機場（Suvarnabhumi Airport），由德國美裔建築師賈荷（Helmut Jahn）設計，耗資約 38 億美元，於 2006 年正式啟用；名字由泰王拉瑪九世命名，有「黃金土地上的機場」之意。

機場外型由幾何線條與格狀線條交疊，並點綴白色三角形外牆，在夜晚閃耀萬分發出藍光，猶如寶石般受到矚目。新曼谷機場是曼谷目前最主要的國際機場，且是亞洲重要空運轉運中心之一，並擁有

乳海翻騰雕像

全世界第 2 大的航站大廈，在國際機場占有一席之地。

最值得一看的就是位在出境大廳，源自印度神話故事的「乳海翻騰」（Churning of the Ocean of Milk）巨大雕像，這是呈現神話中阿修羅和眾神為了找到須彌山（Mountain Meru）下、乳海（Ocean of Milk）中所埋藏的長生不老甘露，決定合力攪動乳海的模樣。

機場內使用相當多科技便利措施和安檢設備，提供為數不少的泰式原創藝術品店，50 多家各國美食餐廳更是 24 小時不打烊，方便旅客滿足口腹之欲，還設有泰式按摩店，舒緩旅人的疲累。

文 / 宋良音

Info.

新曼谷國際機場（Suvarnabhumi International Airport）
地址：999 Moo 1 Bang Na-Trat Rd., Bang Phli, Samut
　　　Prakan, Bangkok
電話：+66-2-132-1888
交通：可搭乘曼谷機場快線（SARL）City Line
　　　（15~45 泰銖）或 Express Line（150 泰銖）到
　　　Suvarnabhumi Airport 站

五位建築師的家

家，是最私密、最放鬆的個人領域。打開曼谷 5 位知名建築師家的大門，一窺他們的居家情調與生活哲學。

58 500 坪叢林城堡
魔幻的熱帶花園

比爾‧班斯利，《時代》雜誌封他為異國風情奢華度假村之王（the king of exotic luxury resorts），名列「設計 100」（The Design 100）名單中。

進入靜謐的市郊街道中，一眼就看出這是班斯利的家，它的樣子實在特立獨行。一座像是天方夜譚的奇幻鐘樓，出現在金屬製的大門旁，首先吸引了我們的目光。城堡般的高聳牆面上，爬滿綠色植物。一棵近 5、6 層樓高的雨樹（rain tree）如把大傘，繁盛的枝葉伸出牆外，橫跨過整條巷道，就要跑進對街的鄰居庭院裡。仰著頭，望見天光從青綠色的葉片空隙裡悄悄灑下，讓人只有一個念頭：「進了門，就會是仙境了吧！」

主人笑咪咪地為我們開了門，門內，是一座叢林！垂掛在樹上的腎蕨，伸著長長的枝葉，如瀑布般往下傾瀉，彷彿已有千年之老。轉個彎，又是另一番風景，一座噴泉立在小庭院裡，地板上鑲入了一面面小鏡子，折射著微微晨光，讓地上變得閃閃亮亮的，樹上還垂掛著如大型蠶繭般的竹製燈籠。再往前行，一扇古門連接著長形水池，池裡立著天鵝石像，引領我們的視線通往水池另一端的藍色小房間中。轉身，這才終於看見班斯利家的樣貌，一幢 8 角形、2 層樓的主建築，在綠色庭院的環繞中。

一路上，我們像是跟著愛麗絲的腳步，欣賞著一頁頁巨幅的立體摺疊書，一邊期待，下一頁會是什麼？班斯利不讓景致一眼看完，小小的迂迴、轉彎、曲折，一下子緊密、開闊、又緊密，他饒富心機地在大幅地景上置入不同的小場景。讓人每走一步、每翻一頁，都是驚喜。

迴廊上，不僅植物蔓生，還擺放許多蒐藏的古物。進到主建物裡，雙眼完全納不進所有物件，每個角落，在細節裡還有細節。屋內的蒐藏，跟屋外的植物一樣，多樣、混搭又充滿了變化的驚奇。

班斯利是全球最火紅的景觀建築師之一，名號已和頂級度假村畫上等號。在美國成長的他，將工作室設在曼谷已達 20 年，經手的作品超過 150 件，遍布 26 國，他的設計大量使用泰國、印尼等東方元素，以及殖民風格。

異國風情，是西方世界對於東方美學的詮釋，班斯利在巧妙融合東西文化的曼谷，找到了全球人都會埋單的生活情調。

文 / 游惠玲

Info.
比爾・班斯利（Bill Bensley）
身分：景觀建築師、Bensley Design Studio負責人
地位：異國風情奢華度假村之王
作品：清邁四季度假村（Four Seasons Resort）、普吉
島藍珍珠飯店（Indigo Pearl）、曼谷暹羅飯店
（The Siam）

Ann 攝

59 inside out, outside in
溫暖自然的木質挑高屋

2010 年，泰國中生代建築師布勒特・翰維吉傑朋（Boonlert Hemvijitraphan，以下簡稱翰維）的作品「歐拉平屋」（Aurapin House）拿下泰國暹羅建築協會（The Association of Siamese Architects under Royal Patronage）「最佳建築」（Best Architecture）的極高榮譽獎項，這裡就是他和老婆與兩個可愛孩子的家。究竟是什麼元素，讓翰維的設計，能夠成為值得讓其他建築師參考的模範？

這幢帶著木質溫暖感的 3 層樓建築，房子本身大量採用木材、竹子，並跟泰國早期的高腳屋一樣，整個屋子被筆直架高，離地面近 1 公尺左右。房子的四周設有涼廊，1 樓面對庭園的兩側，全是通透的玻璃門，能夠完全敞開，讓客廳像是瞬間被搬到戶外，裡外分不清楚。

翰維說，當時他看到這座基地，就想要蓋一幢能夠讓全家人「住在花園」裡的房子，這是一種「裡即外，外即裡」（inside out, outside in）的概念，「過去，泰國傳統住家跟大自然是很親近的，在泰國、日本甚至中國等東方文化中，我們對於自然的態度是謙卑的，比較不像西方文化，會從占領、征服自然去思考。」因此，如何讓室內空間與戶外的自然接軌，就成了翰維住家的重要課題。

泰國傳統的民居，大多傍水而建，或河水、或池塘，一方面取水方便，二方面也促進降溫。翰維家也蓋了座游泳池，順著風向會將涼意帶入室內，但是目前最大的功能，就是兩個孩子的運動遊戲場。下午 3、4 點時，孩子換好裝，噗通跳下水，陣陣的笑聲，不時在院子裡迴盪。

翰維的設計概念，深受東方斯里蘭卡生態建築師傑佛瑞・包瓦（Geoffrey Bawa）的啟發，「包瓦的建築看起來很現代，卻力求與自然共融，像是他斯里蘭卡五星級飯店設計，就像是鑲在山壁裡一樣，被植物覆蓋著。」

走進室內，挑高的起居室空間，把整個庭院的景致都放進了屋內。上午 10 點多，陽光從泳池的方向斜射入竹簾鋪成的窗戶中，在室內的木頭地板上留下光影，成為房子裡會移動的飾品。有時候，翰維會將 1 樓的玻璃門全部敞開，讓裡外失去界線。

晚上，又是另一番景致。從庭院往裡看，整個以竹簾遮蔽的房子仿如一座漂亮的大燈籠，靜靜立在群樹圍繞間。翰維説，當初在蓋房子時，他考慮了陽光及風的走向，這是建築的常識。然而，他沒想到的是，因為尊重自然，大自然在夜裡，竟然送了顆大月亮到他們家，「能在庭院裡賞月！是我們入住後最大的驚喜。」

1 樓外露的細鋼骨，在 5、6 年來的風吹雨淋日曬後，褪出宛如木頭般的棕灰色澤，微微斑駁的粗糙質地，就像是庭院大樹上的紋理。翰維在蓋房之初，就知道自家建築會隨著時間，漸漸成為大自然的一部分。這就像看著孩子長大一樣，生活本身，就是一種過程之美。

翰維認為，「房子」和「家」最大的不同，就是前者是「住的地方」，而後者則是「我喜歡住的地方」。Aurapin House 並不大，幾眼就看完了，但那天我們受邀做客的輕鬆享受感，卻一直延續到現在。

文 / 游惠玲

Info.
布勒特・翰維吉傑朋（Boonlert Hemvijitraphan）
身分：泰國中生代建築師、Boon Design 建築設計工作
　　　室負責人
成就：泰國暹羅建築協會「最佳建築」獎
作品：曼谷「歐拉平屋」、Porpis Residence、Komkrit
　　　Residence 住家

60 即興之家
以人為出發點的設計

被香港媒體譽為「改造泰國設計十年」的建築師杜安格特・鵬拿，他的作品經常引領泰國當代潮流。

要從這位建築大師的口中問出他對於自己「建築風格」的看法，絕不是件容易的事。鵬拿會泰然自若地回答：「那我們得先來討論什麼是『風格』？」由於他的建築線條簡潔、空間明亮，很多媒體會直接用「簡約主義」（Minimalism）來定義他的設計，此時，鵬拿會說：「我拒絕這樣的說法。」因為他覺得，建築的設計須依當時的背景環境、自然地貌、歷史文化等要素而設計，絕不會沒來由憑空出現；「像是過去的泰式斜屋頂，在當時是為了排水，但現代建築有很多設計已經可以解決這個問題，斜屋頂就不是非出現不可的元素了。」他自己的住家 V42（引自街名 V 開頭、號碼 42），就是如此。

位在曼谷市郊，車輛不算少的街道上，附近的住家景觀繽紛混亂，讓 V42 白色的外觀，看起來格外清爽而突出。鵬拿笑說自己當時很窮，所以就以最經濟的方式來蓋房子。

外在景觀不夠好，鵬拿就自己創造景觀，他構築了一幢呈ㄇ字型的房屋，並將中間打造成庭院。他特意將連接房間的走廊空間，置放到向著街道的嘈雜面上，而把臥室面對著內部的庭院。

在家中，鵬拿擁有一間寬敞的起居室，位在 2 樓，是屬於自己的小宇宙。裡頭有面書牆，房間四周擺滿了他大「玩具」，真空管、唱盤、吉他、爵士鼓、電動遊戲、遙控車、腳踏車、工具箱等，一眼看不完。

鵬拿在這裡扮演建築師以外的角色,當老爸,陪兒子盡情打電玩;變歌手,忘情打鼓彈琴;或是純粹做自己,拿本書窩在沙發上閱讀,放音樂,享受一個人的好時光。但更多的時候,家人會一塊到這處空間來聊天、看電視、分享心情。

喜歡爵士樂的鵬拿笑說,「生活就是場即興演出。」生命本來就不按牌理出牌,他並不喜歡做過多的規畫,人生有個大方向即可,隨著不同階段演出最好的自己。所有的設計,都是以人為出發點,體貼人的需求,這也是泰式的生活美學。

《亞洲熱帶建築的新趨勢》(*New Directions in Tropical Asian Architecture*)一書中談到:「對鵬拿這些新一代的建築師來說,他們關注的是回歸基礎點,重新去找出最『合宜』的建築設計,而非一味創造所謂的風格與形式。」

Am 攝

Am 攝

V42 這幢看起來相當現代感的房子，其實藏著深厚的泰式傳統家庭觀，因為這是一幢三代同堂的住家。「我覺得能和母親一起住，是這間房子帶給我的福分。」鵬拿感性地說，知道母親平安在家，讓他有足夠的力量與自由好好衝刺。

文 / 游惠玲

Info.

杜安格特・鵬拿（Duangrit Bunnag）
身分：建築設計工作室 DBALP 負責人
成就：引領泰國當代建築潮流
作品：普吉島 The Naka Phuket 旅館、普吉島 Villa Noi
　　　私人度假別墅

61 溫暖而緊密
重視生活平衡的居家設計

即使現在沒有人稱保羅·涵（Paul Harn）為建築師，這位具有建築碩士學位、工作經驗背景的泰國人，半途捨棄建築生涯，卻開啟了另一扇生活美學的大門，創辦泰國 spa 香氛品牌「涵」（Harnn），並且大放異彩。

溫暖而緊密，是保羅·涵帶有庭院的獨棟建築空間給人的第一印象。我們幾乎無法一眼看盡一個空間，滿滿的藝品蒐藏，細節裡還有細節。保羅·涵認為泰式居家生活的核心是「平衡。」就像是滋味很奔放的泰國菜之所以好吃，正是因為酸、鹹、甜、辣等滋味達到完美平衡。

曼谷四季皆夏，保羅·涵卻說，平日他幾乎不開空調，「開窗，自然的微風會吹進來。」這是從祖父身上得到的生活智慧。天氣過熱，祖父就會去沖個冷水澡消消暑，有時候 1 天可以洗 5 到 6 次澡，而這就是一種兼具自然與簡單可以達到的生活平衡。

對保羅·涵來說，平衡的生活並非一成不變，而是不過度極端。因此，找到出口，不讓事物、情緒過度累積，就是生活有質感、達到平衡的不二法門。舉例來說，這 3 層樓的獨棟住宅過去其實是家裡的倉庫，保羅·涵花了 8 個月的時間才打造成住家，但實際上這棟建築並無什麼裝潢與柱子，僅靠著大面落地玻璃，並非每個空間所有時間都很舒適，像是下午房間會西曬，所以，避免熱氣累積在體內，人就往其他空間走。如此簡單的因應之道，就能達到生活的平衡。

文 / 徐銘志

Info.
保羅·涵（Paul Harn）
身分：建築師、spa 香氛品牌「涵」創辦人
成就：入選《日本時報》（*The Japan Times*）「2010
　　　年亞洲百大CEO」（100 Next-Era CEOs in Asia
　　　2010）

62 找回陽台
收納整片天空

來自加拿大的港裔華人建築師楊樂，2003 年來到曼谷，深受吸引而定居下來。對他來說，「身為一位建築師最有趣的地方，就是去實驗新的材料，發現不同的可能性。」傳統與現代、東方及西方匯集的曼谷，給了他極大的創作養分。

他的家位於曼谷市區，一旁就是悠悠的昭披耶河支流運河。住所的外觀，是一幢極為平凡的老舊大樓，蒼白的油漆顏色與陳舊的建築空間，訴說著建築物高齡近 30 的年歲。在大廈裡，每戶的格局設計一致，金屬大門直接連結室內的客廳起居空間，即便有陽台，面積也小得可憐。

然而，打開楊樂住家大門，風景截然不同。映入眼簾的，是寬敞的大陽台，眼前，低矮的樓房讓視野能夠一覽無遺。傍晚時分，夕陽染紅天空，一旁的運河支流閃爍著微光，溫柔寧靜的曼谷，就在眼前展開。

更妙的是，楊樂竟然將淋浴室搬到陽台，讓這處私密空間時時都能擁有最佳的通風狀態及寬闊視野。洗澡時，只要將淋浴間的燈光熄滅，即使敞開門，也不會被窺視，「就像是在戶外洗澡一樣，有全然的放鬆感。」白晝時，將木門拉上，淋浴間就妥貼地被藏在陽台裡。這扇以小塊木材拼貼而成的木門，是利用回收的舊木材打造而成，十足自然環保。

「我希望即便在現代化的生活中，也能盡量把自然帶回到居家空間裡。」這位來自於西方的建築師觀察到，過去的泰式生活，人和自然的關係緊密，所有的房屋設計，都以生活需求出發。

房屋的坐向，會留意風與陽光的動線，建材則使用木材等能夠適應當地環境氣候的材料。庭院及迴廊的設計，則有實際避雨遮陽及促

進通風的功能，同時也增添生活的情趣。在楊樂的家中，我們看到，功能與情調並重的住家，即使在水泥大樓內也能實現。

把陽台找回來，就是空間設計的第一步。這會讓室內空間變小嗎？只要把陽台納入生活動線裡，打造一處可停留的空間，家的面積就會不減反增。楊樂在此擺放桌椅、種植盆栽，對他來說，住家根本不必有裡外之分，陽台不只是過渡空間，更是重要的生活空間。少了點室內空間，生活反而能向外延伸，把自然找回居家之中。

主人的生活也隨著日光的移動而有所變化，「我會充分利用每個角落最好的時光。」早餐，楊樂會在面對著西南方的陽台享用，可以避開陽光直射；晚餐，則進到室內，欣賞外頭的夕陽。楊樂還在大窗戶下方的牆面上設置了長條座椅，拿本書，就可以在窗邊吹風、閱讀、賞景。設置在窗邊的活動小桌，則讓隨時想喝杯咖啡、吃點東西的他，也能有無限風光可賞。

楊樂稱此為「口袋空間」（pocket area），在大空間裡再安排功能各異的小空間，在有限的居住空間裡，也能創造無窮的驚喜。

誰說，客廳一定要在進門的地方？誰說，陽台只能讓植物生活？誰說，廚房不能變主角？打破對於居家空間配置的刻板印象，真正從生活習慣和自然條件出發，才是真正的生活享受。

文 / 游惠玲

Info.
楊樂（Luke Yeung）
身分：Architectkidd 建築師事務所負責人
成就：以「城市農場」（Urban Farm）拿下「豪瑞可持續建築基金會」（Holcim Foundation）銀牌獎

九大空間新主張

原來，家可以這麼不一樣。建築大師提出的居家空間新主張，教你營造出全然的放鬆感。

63 植栽
把庭園變成熱帶叢林

在曼谷,花朵是生活必需,那天然香氣裡藏著令人放鬆的祕密。

人類對大自然本就有孺慕之情,那麼,何不把大自然搬進家中?因此,建築師班斯利把自己的家打造得如一座叢林城堡。

綠色庭院是必要的存在,是賞景休憩的最佳場所,擺上桌椅,就有了停留的好理由。泰式庭園,植物種類豐富,熱帶植物生長得很快,不像日式庭院一樣,力求整齊、注重細節,泰式庭園就像泰國人的性格一樣,較為放鬆自在。

植物時時都在生長變化,每天早上起床時,就能有不同的風景與驚喜,光是俗稱雞蛋花的緬梔花,品項就多達 20 種,粉紅、黃、白,透著清香。當晨光射入院子裡,看見不同層次的綠,即便是最不起眼的草,也好美。曾經,一棵由班斯利親自育種的植物,開出了小花,那一刻,就有種像是看見小嬰兒出生的喜悅感。這是大自然給生活者最大的回饋。

文 / 游惠玲

64 涼廊
與自然連結的舒適空間

在建築師班斯利家裡，最讓人有幸福感的地方，是主建築與庭院間的一座涼廊。這兒也是班斯利和朋友們最常使用的一處空間。一張桌子，擺上繽紛的桌布，成為工作、用餐、發呆、聊天、聽鳥鳴、跟狗玩的舒適空間。

庭院與迴廊上的植物帶來自然的放鬆感，招來停不住的鳥鳴，讓這裡即便在炎熱中午，也能涼爽有風。班斯利說，涼廊也是泰國傳統建築元素之一，這個過渡空間讓泰國人的生活能與自然更加連結。

「我最初的想法就是在戶外生活。」涼廊上還擺放了撞球桌，既通風又有好視野，讓戶外生活也和室內一樣舒適。

文／游惠玲

65 工藝品
獨特的泰式異國情調

豐富多樣的泰式工藝品，可以為室內空間增添情趣。

佛教文化是建築師班斯利欣賞的泰式美學核心之一。在班斯利的西方眼光中，姿態、尺寸、材質各異的佛像，其溫潤的線條與沉靜之美，是不得了的藝術品。之所以不回到美國或歐洲，卻將工作室設在曼谷，班斯利說：「我真的認為，泰國和峇里島，孕育了全世界最具創意、最有天賦的藝術家。」

班斯利觀察到，在曼谷，人們都知道如何用雙手創作，作畫的能力像是天生就藏在細胞裡。自然的世界仍舊是泰國人生活中很重要的部分，創作對許多素人藝術家來說，是農業社會中閒暇時的興趣，不像城市佬，往往只能以「時間和功能」，來決定自己的生活。

他也發現，泰國工藝品融合了中、泰、緬、寮、印，甚至葡萄牙等國的東西方風情，幾乎在 2 個世紀前的拉瑪二世時期，暹羅就已經開始準備為全球「打包」所謂的異國情調，他們吸收各國特色，接著再融合、創作。包括木雕、石雕、佛像、動物像、古門、瓶罐、老桌、燭台，老件或新物各種藝品，因此，在曼谷這座將東西方文化完美結合的城市中，建築師的設計不斷受到啟發。泰國，也總是敞開雙臂，接受新的可能性。

文 / 游惠玲

66 玩混搭
讓空間變得有趣

「把不同文化混搭在一起，會讓家裡變有趣。」建築師保羅・涵直言，若請個室內設計師來設計家裡，只擺了很多現代感的家具，「那看起來會很僵硬，不像一個家。」在他眼裡，不同文化的老件是點亮空間的靈魂所在，無論是質感、歲月的痕跡都可以從物件的表面一覽無遺，這才是生活感的源頭。

因此，在保羅・涵家中在 1 樓客廳的牆面上，掛著錶著框、大紅為基底、刺著金龍的刺繡作品，往下看是一張老式木質邊櫃，上頭擺著各式各樣高達 20 個物件：放在玻璃裡個蠟燭、老式金屬燭台、和蠟燭顏色相似的象牙白鐵罐、擺在陶器裡的植物、西式古典玻璃罐、兩隻白色大象雕塑⋯⋯，正欣賞如此豐富卻和諧不紊亂的畫面是怎麼創造之際，視線才一晃動，又有不同風景：竹節造型鋪成桌面的茶几，搭配著現代感的不鏽鋼架構，上頭是直徑超過 30公分的一盆積水鳳梨。

即便只是將蒐集來的藝術，移動擺放位置，對他而言，都是生活樂趣與藝術。「沒有什麼是不被允許的、固定住的，每件事物都是可以改變的，這才是生活。」保羅・涵打趣地說，如果只是按設計師的布置過生活、什麼也不可動，那還是生活嗎？在外人看來，他很擅長將買來的藝術品、骨董布置得當。但他說最初，他也不是很上手，畢竟包括顏色、形狀、質感、大小等，什麼要跟什麼搭在一起，才能讓所有物品「玩在一起」（play around），得靠時間和經驗而來。

文 / 徐銘志

67 通透感
打開風的動線

想讓空間看起來有絕佳的放大效果，一定要有開闊空間。建築師楊樂的家，大部分的隔間都被拆除，只留下儲藏室、臥室及廁所，牆面減少了，視線就變得更加通透開闊，甚至與陽台相連。

楊樂也時常邀請朋友、同事到家裡來玩，與客廳相連的開放式廚房是室內的焦點，讓做菜的人能夠一邊烹調、一邊欣賞戶外風光。主牆面前方的中島，是一張從牆面筆直延伸出來的木質長桌，足足有5 公尺長，能夠一次將流理台、料理桌面及餐桌囊括進來，甚至，也能夠當作工作桌來使用。

在住宅兩側原本對外窗的牆面上，窗戶都盡可能被開到最大，戶外一覽無遺的視線，成為室內最佳的風景畫。打開窗，就等於打開了風的動線。微風能自由自在從陽台吹入室內，再從另一側的窗戶流動出去。

夏天傍晚太陽還未下山，站在楊樂家的客廳，照理說這是城市叢林最悶熱的時刻，但這裡卻通風暢快，完全不必出動冷氣。原來，只要留意風的動線，窗戶，就會成為最佳的天然冷氣機。

文 / 游惠玲

68 底部挑高
通風防白蟻

傳統泰式房舍的優點，可以被巧妙植入現代設計中。

舉例來說，建築師翰維的家，雖然位於沒有淹水之虞的區域，但他卻仿造傳統泰屋，將房子架高，不僅可以防止白蟻侵擾，同時也能促進通風。

翰維說，「大自然真的很神奇，只要將屋舍稍微抬高，就能大幅減低白蟻入侵的機會，這是不管用什麼殺蟲劑都比不上的。」而且，他還將整座房子的空調悄悄藏在屋子底下，大大利用了空間。

因為內部空間挑高，整個 2 樓等於少了一半的樓地板面積，但卻換來開闊的視線，「少即是多，心的空間更重要。」翰維笑笑說，這是泰國佛學教會他的思考。

如此一來，不論孩子在 1、2 樓的任何角落玩耍，都會在他和老婆的視線裡。全家人，也因此更緊密。

文 / 游惠玲

69 天然建材
具調節功能很耐用

泰國常見的木材、竹子，都是很好的建築材料，不但耐久，還具有
熱度調節的功能。

木材本來就是泰國及亞洲許多地方常見的建築材料，會隨著時間改
變色澤，在空氣中散發淡淡清香，越久越顯陳年質感。建築師翰維
在房舍的 1 樓，用大量木材設計如日式建築般的「緣側」（日式
居家中的走廊），削減金屬的冰冷感，搭配鋼骨等建材，讓房子在
結構上安全無虞。

而竹製品，在泰國也很常見，如翰維所使用的竹簾，讓自然光透入
室內時，呈現出間接光的舒適感受。而且，竹簾不是什麼高級的
特製品，平常在家飾賣場就能買到，翰維說：「目前已用了 5、6
年，還沒有更換過，比一般人想像得還要耐久。」這就是天然材質
的美好之處。

文 / 游惠玲

70 空間多變
起居室也可以是客廳

「我並不認為我們家一定要有張大沙發的客廳,是你的生活決定家的空間狀態,而不是空間配置來決定你的生活方式。」建築師鵬拿的這個靈感,來自傳統泰式依人口不同而能變化的建築。通常小家庭會有一個單元空間的木屋加上涼廊,人口變多之後就再增蓋設計相連的木屋,整體仍具一致性,而室內的木板隔間,也能依需要做空間變化。

鵬拿家的格局就是如此,一間房連著一間房,繞著ㄇ字走,讓人搞不清楚客廳在哪?廁所又在哪?這裡的空間配置,和一般住家不同。進了大門,會發現所有面對中庭房間的外牆都是可敞開的玻璃窗,視覺非常通透。然而,卻似乎找不到一個偌大敞開的客廳或起居室,原來,每一個小單元空間,既可以當作各自的私人起居室,但當大家一起聚會活動時,馬上又可轉化為臨時客廳。

建築,不只是硬體的設計,更是因為居住在其中的人,而產生了溫度與意義。過去的泰國傳統建築是如此,現代的建築設計,也可以是如此。

文 / 游惠玲

71 療癒場域
創造居家生活情調

為求身心平衡，現代人一定要懂得即時舒解，所以家中有個療癒的場域非常重要，這樣的生活哲學同時也創造出泰式生活情調與趣味的氣氛。

像是，保羅‧涵壓力過大時都會在家泡腳。「這是最簡單的放鬆。如果放鬆你的腳，你的身體也會跟著放鬆。」就在家中客房，一張坐起來舒適的單椅緊鄰著大片落地玻璃，往外就是一抹綠意，而泡腳盆則是一個原本用來加熱炒菜用的日式火缽，饒富古意。其他的，只需要一盆熱水、浴鹽、幾片新鮮花瓣，就是一場很有療癒、很能放鬆的享受。

「這是一種負擔得起的現代奢華！」在保羅‧涵眼裡，比起時尚、海外旅遊，「你不用花很多錢，就能有幸福感的享受。」喜歡香味的他，在浴室的置物櫃上頭擺了 10 幾款香水也正是為了即時享受。他說，有時候出門前噴了某款香水，但晚上與朋友聚會前，回家洗個澡，又可換不同香水。

文 / 徐銘志

七個家飾好點子

建築大師的室內設計與擺飾，處處是驚喜！想要在自宅打造出大師般的品味，不妨學學他們的居家設計好點子。

72 不起眼材料創造質感

廢料也能變成很有質感的家飾品。建築師翰維家收納櫥櫃的門片表面，竟是「麻布袋」做成的。經過上色處理的布袋，編織紋路清晰可見，打上燈光又深淺不一，讓這一扇扇的門很有「門面」。不光如此，他家的收納鞋櫃也有巧思，同樣把不起眼的銅網繃平在門框上，雖然銅網具細小孔洞，但關起來時並不會看到鞋櫃裡的物件，重點是，這讓鞋櫃可以透氣、不悶熱。

Ann 攝

73 把植物吊起來

我們習慣把植物種在地上，讓植物對抗地心引力往上長，但景觀設計師班斯利卻很喜歡把具有垂墜感的植物，如松蘿、蕨類等高高掛起，很有叢林感。吊掛的方式也能很有創意，班斯利先是利用一根橫桿，在天花板吊起一個大鐵籃，裡頭再擺上蕨類等盆栽，就像一件藝術品。此外，他把不需要扎根的植物，如西班牙苔（Spanish moss）掛在鳥籠上，一整面看起來就像白色瀑布。

Ann 攝

74 雙層窗擋光隔熱

全年皆熱的曼谷，設計師用什麼智慧面對酷熱？除了在自家陽台、
庭院種樹外，或許可學學翰維的雙層窗。他在自家 2 樓的外牆內
留了走道，走道外側是掛有竹簾的木百葉窗，走道內側則是透明玻
璃，如同房子的雙層皮膚。熱氣經過木窗進到廊道，會直接在此上
升，然後再對流出去，不會蔓延到屋內。至於 1 樓，翰維一樣使
用竹簾來抵擋陽光，同樣可以把熱隔在外頭。

75 異中求同的配飾布置

班斯利家處處是細節，但神奇的是，不凌亂、很迷人。這樣的美感
打哪來？班斯利夥伴吉拉差・藍同（Jirachai Rengthong）指著一面
掛著不同尺寸畫風的畫、鹿頭、昆蟲、船槳的牆面透露，祕訣其實
是，「異中求同」。原來它們看似不相干，卻有共同元素：頭或藍
色。這才發現，像是捕魚的畫、魚圖案盤子、魚造形雕塑的角落，
就是以魚為主題的組合。所以，不論要在家裡牆上角落擺什麼，主
題往往是不同元素能否整合的關鍵。

Ann 攝

76 利用鏡子反射

在曼谷市區，景觀設計師班斯利花了 15 年創造他的祕密花園，至今仍未畫下句點，其中一個創意好點子，就是把鏡子和地磚以拼貼的組合貼在地上。光線透過綠樹稀疏的落在上頭，整個綠色世界，也倒影出蔚藍天空。這的確是酷點子，讓本來較陰暗的空間變得明亮。喜歡鏡子的他，還在戶外的大門上擺鏡子，讓人產生幻象，似乎門外還有一個調性一致的世界。此外，鏡子本身也可做文章，像班斯利用了銅色調的鏡面，倒映出古樸、沉靜氣氛。

77 拼貼木頭玩紋路

從木頭的年輪,可以看出木頭生長的軌跡,在建築師翰維家看得到一整片這樣的痕跡。他把木頭裁成小小的正方形,貼在吧台的牆面上,每個方塊有著不同紋路的表現,拼湊在一起,有整體共通性,又不失各別元素的差異。他特別選擇較硬的木頭,讓表面裁切起來並不平整,看起來很有機,當光線照映在上頭時,又能彰顯出該面木頭牆的存在感及變化。

78 把箱子變茶几

想找獨一無二的茶几?鵬拿起居室裡的茶几是個不錯的創意,他把大小高低不一的 4 個老式櫥櫃箱子擺在一起,當成茶几使用。由於每個的造型和顏色有些許差異,這張茶几的桌面高高低低的,加上老件本身的痕跡,反而別有一番韻味。不僅如此,這些櫥櫃箱子還有儲物功能,不想被外人看到的雜亂物件可以統統往裡擺。在運用上也具彈性,因為想要這張茶几有多大,就隨意組合數量即可。

文 / 徐銘志

Ann 著

設計 Design

泰國精緻現代設計與細膩工藝手感，讓
曼谷一躍成為亞洲新興設計之都。

兩大手工藝品

來到曼谷，千萬不能錯過泰絲以及獨特的藤麻家具，這些精緻的編織民藝品，在在展現出泰國手工設計品的軟實力。

© 達志影像

79 泰絲
大膽配色的現代設計

「藍海策略」在行銷界，就算不敢這麼做的人也能說出一口好策略。而泰國早在 1940 年代末就有一項產品勇於做自己，繼而風靡全球，那就是，泰國蠶絲製品。

坦白說，泰絲比起中國、日本的絲綢，在傳統人士眼中是較次等的。後者畢竟更柔軟、更輕滑，因為製泰絲的蠶種分泌的絲線，比中國、日本蠶種分泌更硬些、粗些。但這項特質讓泰絲反倒可以製作較硬挺、有剪裁的服飾，那正是所謂的現代風格之一。泰國人用色又大膽，現在流行的撞色搭配愛用的大明大亮之色，早就能在泰絲中見到。泰絲後來為國際《時尚》（*Vogue*）雜誌、好萊塢電影圈等流行意見領袖推崇，正是這道理。

有趣的是，讓泰絲走上國際者，是位外國人——金·湯普森（Jim Thompson）。這位前建築師，曾在二戰期間任職美國中情局、派駐泰國。戰後，湯普森愛上了泰國的美，且比旁人更早看出泰絲的優點與魅力。

為了讓泰絲的品質更穩定，湯普森首先要求蠶繭分類，這是控制絲線品質的第一步。繼而，他說服師傅由手織機改用腳織機，讓生產速度更快。湯普森並從瑞士引進最新的染布技術，解決傳統泰絲植物染法無法讓布料色澤穩定、持久的缺點。最後，設計是重點，相較市面上其他泰絲，「金·湯普森」品牌建立的美學系統維持至今，配色、圖案就是比其他品牌有味道、更耐看。

泰國織品不只泰絲，他們還有各式各樣由編織（非印染）圖案組成的布料，普遍用於服飾（例如裙子）、廟宇旗幟等。一些骨董織品配色則不同於現代泰絲的閃亮直白，而是走高雅路線，相當值得一看。這些精緻的編織民藝品，在曼谷有三處特色博物館可欣賞。一是金‧湯普森之屋（The Jim Thompson House），二是位於大皇宮區的「詩麗吉皇后編織博物館」（Queen Sirikit Museum of Textile），三是由「迪拉里奇＆吉賓斯」（Tilleke & Gibbins）律師事務所私人蒐藏的「紡織品蒐藏館」（Textile Collection）。走進這三處展館，相信會讓你對泰國織品更另眼相看。

文 / 馬萱人

Info.

金‧湯普森之屋（The Jim Thompson House）
地址：6 Soi Kasemsan 2, Rama 1 Road, Bangkok
電話：+66-2-216-7368
門票：100泰銖（附導覽）
開放時間：09：00 - 17：00

詩麗吉皇后編織博物館
（Queen Sirikit Museum of Textile）
地址：Ratsadakorn-bhibhathana Building, Grand Palace,
　　　Bangkok
電話：+66-2-225-9430 ext. 245
門票：150泰銖
開放時間：09：00〜16：30

紡織品蒐藏館（Textile Collection）
地址：Supalai Grand Tower, 26th Floor, 1011 Rama 3
　　　Road, Chongnonsi, Yannawa, Bangkok
電話：+66-2-653-5577
門票：免費（須預約）

80 藤麻家具
環保自然演繹泰式風情

泰國的設計力在過去 10 年大幅躍升，他們的創意常讓歐美訝異，更打進全球設計家具市場。尤其以自然和環保為概念的家居設計領域，泰國更是不可忽視的力量。

位居泰國領導品牌的「悠塔卡」（Yothaka），創立於 1989 年，其設計總監蘇旺（Suwan Kongkhunthian）堅持採用泰國本地自然材質如布袋蓮、海草、藤、麻製作家具，甚至研發鳳梨紙、可回收的 PE 材質，落實環保信念，更以精緻手工與細膩質感，成功扭轉泰國產品拷貝與低劣的形象。

偏愛運用藤、麻與木頭等自然材質做為產品的，還有獨樹一格的「星球 2001」（Planet 2001）。其設計總監從藝術家跨足家具設計，運用生長於泰國本土的植物、木頭等自然材質，以手工創作雕塑品般的家具，讓產品擺脫刻板樣貌，如螃蟹造型的藤編單人椅、木頭做成的荷葉形狀椅子等，連連榮獲「好設計獎」（Good Design Award）及「家居廊國際設計獎」（EDIDA，ELLE Decoration International Design Awards）等諸多國際設計大獎。

©達志影像

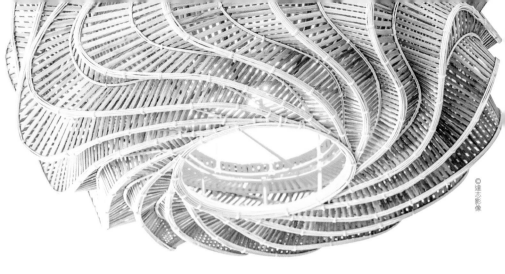

此外，燈飾品牌「可拉叩」（Korakot）擷取製作風箏的繩結技巧與泰國傳統編織工藝，設計成竹編燈飾，一款款鏤空纏繞而成的多層次竹飾，展現泰國工藝的細膩優雅藝術氣息，同樣深受西方國家的喜愛。

文 / 魏雅娟

Info.

悠塔卡（Yothaka）
地位：第一家將危害生態的布袋蓮研發成功運用於家具
　　　的製造廠商
主要產品：沙發、椅子、茶几等自然材質家具
產品售價：2 - 6 萬泰銖（約合新台幣 2 - 6 萬元）

星球 2001（Planet 2001）
地位：擅長藝術品般的獨特造型手工家具
主要產品：藤、麻手工編織的造型單椅
產品售價：3 - 7 萬泰銖（約合新台幣 3 - 7 萬元）

可拉叩（Korakot）
地位：將泰國 OTOP（一村一工藝）成功轉型
主要產品：竹編燈飾
產品售價：2 - 6 千泰銖（約合新台幣 2 - 6 千元）

一位泰國設計教父

誰能讓臭水溝裡的布袋蓮，變成全球頂級飯店文華東方的家飾？答案是：蘇旺，他不僅讓破壞生態的布袋蓮，站上設計殿堂，更讓全世界改觀看到泰國也有好設計。

魏雅娟 攝

81 蘇旺
將泰國家具推向國際

泰國設計教父蘇旺會運用布袋蓮做材質，完全出於偶然。80 年代
中期，蘇旺恰巧參與一項協助鄉民脫貧計畫，面對成堆成堆從水中
被拔起的布袋蓮，除了餵食家禽、家畜之外，具備天生傳統工藝技
巧的村民也拿來編成竹籃，這讓蘇旺心生一念，何不將廢棄的布袋
蓮拿來做家具，賦予新生命？

經過多次實驗，蘇旺終於克服布袋蓮易發霉的缺點，並加以軟化
使之好編織，在1986 年研發成功，成為泰國第一個使用布袋蓮
為材質的家具設計師。1993 年，他首度受「巴黎家具家飾展」
（Maison & Objet）邀請參展，當時歐洲日漸重視環保，蘇旺將造
成生態浩劫的害草變成家具，展演著精緻的現代設計與細膩的泰國
工藝手感，讓全世界驚豔於泰國的創意設計與獨特風格，前後拿下
7 次日本 G-mark 設計大獎。

接連榮獲各大國內外獎項的肯定，加上備受歐美日人士的青睞，讓
蘇旺成功進軍國際市場，產品不僅行銷全球 30 多國，也為多家國
際高級飯店，像是文華東方、悅榕庄（Banyan Tree）等，量身設
計各式大小家具與家飾品。

逐漸在國際闖出名號的蘇旺，不僅樂意將自己成功的經驗分享給大
家，更相信透過更多的力量，才能打造出屬於泰國的獨特風格，
他結合其他設計師成立第一家設計協會（Design and Object），再
透過協會的力量，推動政府在曼谷舉辦世界水準的國際展覽。如
每年 3 月舉辦的「TIFF 泰國國際家具展」（Thailand International

Furniture Fair），被泰國家具設計師與廠商視為向全球展示優秀設計與新品的國際平台，每年總能吸引來自全球各地人士前往參觀。

2013 年「TIFF 泰國國際家具展」以「inspire inside out」從室內到戶外的創意靈感為主題，不僅滿足一次購足居家裡裡外外各式大小家具外，更打出「Small order OK」，企圖在歐美與中國各大家具展中凸顯泰國「小而美」的家具設計製造特色，提升泰國設計創意產業行銷全球的競爭力。其中，DEmark 展區，一次可看到近 80 件榮獲 DEmark（Design Excellence Award）的泰國傑出設計產品。

「TIFF 泰國國際家具展」發展至今，已足以與米蘭、科隆、巴黎、東京等國際家具家飾設計展抗衡，不僅將泰國設計成功行銷到全世界，更大大提升泰國家具、家飾與家用品的設計與製造之競爭力，讓曼谷一躍成為亞洲新興的設計之都。

蘇旺強調「唯有走出獨特性，才能立足世界」，而這個獨特性，不是憑空創造出來，一定是來自於生活周遭與自身的固有文化。這也是他將泰國傳統手工編織工藝發揮到淋漓盡致的用意，用細膩的泰國工藝手感完美演繹現代設計。

文 / 魏雅娟

Info.

蘇旺
（Suwan Kongkhunthian, 1949 - ）
現職：悠塔卡（Yothaka）家具創辦人
地位：泰國設計教父
成就：將水溝裡的布袋蓮改造為驚豔全球的家具，引領
　　　10 年大流行

TIFF 泰國國際家具展
（Thailand International Furniture Fair）
展出內容：家具、家飾用品等
網址：www.thaitradefair.com

三大設計師名店

曼谷擁有許多國際居家家飾品牌，在「暹羅百麗宮百貨」（Siam Paragon）及一旁的「暹羅中心百貨」（Siam Center）等大型購物中心，都是品牌集中地，其中 3 間獨立店家，名列知名設計師買物的口袋名單，物件極具質感，十分值得一看。

Ann 攝

82 Incredible
不可思議古物店

「不可思議」（Incredible）這家骨董家飾家具店連網站都沒有，卻能讓眾多設計師一致好評推薦，可以説是古件藝品愛好者的祕密基地。香氛品牌「涵」的負責人保羅‧涵、園藝設計師藍同，都是該店的常客，長期旅居曼谷的台灣設計師葉裕清更説，「主人的品味很好，替我們從全世界把好東西都找來了，就是去買他的眼光。」

3層樓的現代建築，內部卻像古老的博物館，帶我們進入錯亂的時光隧道。「不可思議」負責人本身就是室內設計師，也是古物愛好者，店裡蒐藏以東方為主，但亦有來自於全球各地的藝品，家飾、家具及裝飾品，一眼看不完，像是趟奇妙旅程。

「當時我們就是因為這座樓梯，所以設計了這個挑高空間。」店內經理帶著我們穿梭在窄小的走道中，登上了古典優雅的鑄鐵螺旋梯來到2樓，原來連階梯，都可以是蒐藏的一部分。店內擺放著尺寸大小不同的木箱、行李箱，現在做為小茶几或是桌子使用。拋光處理過後的鴕鳥蛋，光澤溫潤，擺在室內一角，增添生活趣味，「這是我們店裡詢問度很高的商品。」所有看起來再光怪陸離的物件，其實都找得到適合的位置。

不像古物市場零亂不堪，在這兒，每件物品都像是精品。主人不僅找骨董，也為古物做復刻設計，或是加入自己的點子，讓老件重新展現姿態。店裡的木雕、石雕、桌椅、箱子、玻璃器皿、鳥籠、陶器，全是來自不同時空的物件，卻能和諧融洽地齊聚一堂。結束旅程、出了店家，確實會讓人忍不住發出一聲：「Incredible（不可思議）！」

> Info.
> **不可思議（Incredible）**
> 地點：116/4 Soi Sukhumvit 23, Klongtoey, Wattana, Bangkok
> 電話：+66-2-260-9690
> 備註：鄰近亦有兩家姊妹店：「合格」（Eligible）及「忘不了」（Unforgettable），兩家都以販售新品為主，前者偏剛硬風格，後者則較為柔軟的女性風格，亦值得一逛。

83 Casa Pagoda
迷人的雅痞空間

「寶塔家居」（Casa Pagoda）櫥窗有種迷人的吸引力，帶有中產階級的雅痞風格，特別吸引輕熟齡族群。更棒的是，兩層樓偌大空間的展場裡，又設計了幾個起居室及餐廳等空間，讓顧客可以直接將布置的好點子帶回家。

「寶塔家居」背後的設計團隊來自於比利時，選擇在曼谷開設第一家店，陸續在上海及杭州等地也開設分店。團隊旅行世界各地，以歐洲風格為設計基底，加入了來自於亞洲的靈感。從偏向法國鄉村風的木質餐桌，到金屬工業感的家具都有，有許多仿古、復舊的設計，像是 50 年代的老式沙發或櫥櫃等，讓新家具也帶著時間感。燭台、擺飾、台燈、畫作、雕塑、餐具等家飾，是較容易上手且帶回的物件。

Info.
「寶塔家居」（Casa Pagoda）
地點：4 Soi 45 Sukhumvit Klong Toey Nue, Wattana,
　　　Bangkok
電話：+66-2-258-1917

84 Alexander Lamont
東西交融的手工物件

藏身在「素可泰飯店」（The Sukhothai）的「亞歷山大・拉蒙特」
（Alexander Lamont）旗艦店，是間極具質感的家飾店，價格不
低，但設計與材料質感均有相當水準，就算不消費，也值得參觀。
背後的設計師拉蒙特（Alexander Lamont）來自英國，卻以曼谷為
基地，就是愛上了泰國的手工藝傳統與東西交融的氛圍；他兒時就
曾造訪曼谷，隨父親參觀柚木工作坊，對當時的木香味留下深刻的
印象。

2000 年，拉蒙特回到曼谷成立工作室，結合歐亞裝飾藝術的設
計，讓產品既有東方感，又具西方味，部分物件甚至帶有日式的禪
味。2010 年，該品牌獲得「聯合國教科文組織」（UNESCO）頒
獎，因其在設計上的傑出表現，以及對於傳統手工藝的支持。目前
「亞歷山大・拉蒙特」在許多飯店皆有設點，旗艦店的展場室內設
計及產品陳設皆有講究，來此可同時欣賞飯店的庭園景觀設計，會
是段美好的小旅行。

文 / 游惠玲

Info.
亞歷山大・拉蒙特（Alexander Lamont）
地點：The Sukhothai, 13/3 Sathorn Road, Bangkok
電話：+66-2-287-3058

逛遊 Travel

逛遊曼谷，盡情享受 spa、採買設計家
具，在泰式空間中，體驗曼谷獨有的東
西方融合情調。

五大情調景點

全亞洲最多旅客造訪的城市是曼谷。曼谷 5 大迷人、饒富情調的景點，讓你捕捉泰式風情。

85 金・湯普森之家
充分體會泰式風情

想在曼谷輕易走進傳統泰式建築，體會泰式情調是怎麼一回事，那就到「金・湯普森之家」。這裡是有「泰絲之王」之稱的湯普森舊宅邸，架高的柚木房舍被綠意包圍，絕對提醒你：這是泰國。

美籍的湯普森是個傳奇人物，本來只是建築師的他，在歐戰期間自願加入軍隊，成為情報人員，隨後在二戰期間被分派到亞洲。然而，戰爭結束，他並未返美，而是留在文化匯流、居民友善的泰國。湯普森協助「曼谷文華東方酒店」的修復工作，也看見當地產業的價值，把傳統泰絲以國際語言呈現，建立了「金・湯普森」這個至今不墜的泰絲品牌，成為成功詮釋東方風情的西方人。

湯普森這位傳奇人物的舊居所，現已開放為博物館，是體驗泰式生活情調的好去處。在這裡可以一窺這位美感大師的生活點滴，也可看到曼谷一直以來東西文化交會的特色：泰式外觀中卻有很多西方混搭的細節，像是他把鼓變成燈座，把兩張中式麻將桌併在一起變餐桌，創造出獨一無二的美感。

更令人感到驚喜的是，湯普森把世界各地的私人蒐藏全都巧妙放進屋內。在擺滿骨董的臥房裡，甚至有座「老鼠宮殿」，這個模型房屋來自於 19 世紀的中國，有著飛簷屋頂的小型隔間，被層層疊疊組合起來，就是過去讓寵物白鼠遊玩跑跳的空間。櫃子裡中國青花瓷及泰式彩繪瓷碗等器具，處處有細節，讓訪客感覺彷彿受邀前來用餐的客人。

屋內每個房間都開滿了窗，像一幅幅掛在牆上的自然風景畫作，把綠意都引進室內。過去房子的一旁就是運河，悠悠河水更是屋舍的好風光。偌大的起居室連接著小院子，只要打開門，室內的生活就能夠輕鬆向外延伸。

庭院的植物，延續著半世紀前的模樣，棕櫚樹、爬藤類及熱帶植物，在不算大的庭園中，營造出叢林感。這讓紅色的高腳屋建築，就像是從樹林裡長出來的一樣。高腳屋下方的寬敞空間，現在成為半露天藝廊，置放了主人從前所蒐藏的佛像、畫作等。過去，這裡會被當成半露天涼廊來使用，每當有像是湯普森生日等大型宴會時，就會邀請樂隊來演奏，美麗的樂音縈繞整座空間。

在這兒你會發現，生活美感也可以充滿想像的方式表現出來。

文／徐銘志、游惠玲

Info.
金‧湯普森之家（The Jim Thompson House）
地址：6 Soi Kasemsan 2, Rama 1 Road, Bangkok
電話：+66-2-216-7368
費用：成人 100 泰銖（約合新台幣 100 元）
營業時間：09：00 ~ 17：00

86 Sky Bar at Sirocco
高空鳥瞰新舊曼谷

如果你看膩了曼谷白天酷熱、擁擠的風情，趁著太陽西下之際，登高感受涼風、飽覽夜景，確實又是另一番滋味。《alive》推薦的城市夜景，並不是曼谷最高樓觀景台，而是最佳視覺美感的夜景——位於「蓮花飯店」（lebua at State Tower）63 樓戶外的「熱風高空酒吧」（Sirocco Sky Bar），這裡不但擁有不斷變化色彩的圓形吧台，最大價值在於，可同時看到昭披耶河、老城區和高樓林立景觀。而且，雖「熱風高空酒吧」隸屬餐廳，但只要負擔酒水費用，就能入場。有趣的是，你會發現，曼谷夜晚最閃亮的一條銀河，不在天上，反而是塞車的高架道路。

文 / 徐銘志

Info.
熱風高空酒吧（Sirocco Sky Bar）
地址：63F, 1055 Silom Road, Bangkok
電話：+66-2-624-9555
費用：飲料 500 泰銖（約合新台幣 500 元）起
營業時間：18：00 ～ 隔日01：00

李明宜 攝

87 H1 Urban Complex
繁華都會的質感小區

光看照片，很少人會猜得出這裡是曼谷，因為像一個個盒子的潔白色調建築、大片落地玻璃，還有以大樹為中心的設計概念，在在都透露出清新現代、時尚感。這裡是小型複合商業區「H1 時尚特區」（H1 Urban Complex），就位在與時尚密不可分的通羅區（Thong Lo）。除了販賣家具的商店、辦公室外，「H1 時尚特區」還有涵蓋戶外庭院的餐廳。這裡緩慢、寧靜的質感，很有度假感，特別是華燈初上，掛在樹上的燈泡和建築物變成一個個發光盒子時。

文 / 徐銘志

Info.
H1 時尚特區（H1 Urban Complex）
地址：998 Sukhumvit Soi 55, Sukhumvit Road, Bangkok

88 曼谷文華東方酒店
東方情調極致展現

把飯店當成景點？沒錯，如果你預算不高，沒打算住在「曼谷文華東方酒店」，《alive》很建議到這裡走一走，或順道在飯店裡的河畔餐廳用餐。這其實是我們採訪後的小發現。在昭披耶河畔的「曼谷文華東方酒店」裡，處處都是熱帶風情，最鮮明的是花藝布置，把含苞待放的蓮花擺在水盆中、把花插在竹子裡……，進到飯店後你會發現，眼睛總是有焦點。此外，這裡與皇室、世界知名作家等有高度連結，在飯店廊道也能欣賞到照片，又展現出具厚度的文化氛圍。

文 / 徐銘志

Info.
曼谷文華東方酒店（Oriental Bangkok）
地址：48 Oriental Avenue, Bang Rak, Bangkok
電話：+66-2-659-9000

89 White Café
全玻璃景觀一覽無遺

位於曼谷市區蘇坤蔚路 55 巷底的「白色咖啡」（White Café），是家餐廳咖啡館，是知名設計師鵬拿的作品。鵬拿提到，他的設計是要讓客人體驗異於尋常生活的感受；而所謂的「奢華」，則是一種經由細緻過程而體會到的簡潔。

「白色咖啡」面對馬路的外牆，全以玻璃打造而成，讓內部景觀一覽無遺，在裡面喝咖啡、用餐的設計人或潮男潮女，成了好看的活招牌。

設計之初，鵬拿和業主好友希望創造亂中有序的空間感，所有的開放式儲物櫃，都從地面一路直達挑高的天花板，電燈的管線也全都外露。而空間裡色彩繽紛的小物件，則柔化了筆直的儲物櫃線條。

廚房的隔間也全以玻璃打造，調味料瓶罐、食材、鍋具餐盤全都露，餐廳牆面擺滿書籍、商品，讓整個線條簡單的空間，仍有許多細節可賞。

店內的餐點現點現做，新鮮可口，擺盤也有講究，與餐廳充滿設計感的氛圍相呼應。

文 / 游惠玲

Info.
白色咖啡（White Café）
地址：988/5 Soi Sukhumvit 55, Noble Solo Condo,
　　　Sukhumvit Road, Bangkok
電話：+66-2-714-7623

三大潮旅店

如果要排名世界上飯店 C／P 值（Cost／Performance，性能價格比）
最高的城市，曼谷肯定榜上有名。從國際五星級飯店到各擁特色的
精品旅館，在曼谷總是比其他城市便宜，但卻能給你更多驚喜。

90 The Siam
建築鬼才創造時光旅行住宿

位在老城區河畔的「暹羅飯店」，2012 年一開幕就引起媒體關注，拿下許多獎項，2013 年更被知名國際雜誌《旅遊者雜誌》（Conde Nast Traveler）選為「全球最佳新飯店」（The Best New Hotels in the World）。它出自於建築鬼才班斯利的手筆，隱身曼谷大都會，卻擁有如同島嶼度假村的閒適住宿環境。

迴廊上一座座拱門，框住庭院裡的綠意，班斯利巧妙地向大自然「借景」，讓訪客在穿梭不同空間，也能貼近戶外。中庭宛如溫室叢林，長形水池裡，綠色植物筆直生長，陽光從玻璃屋頂上自在灑落。再往深處走，視線再度豁然開朗，與昭披耶河相連的戶外空間，設置了泳池及餐廳，又是另一幅優閒的風情畫。

班斯利將河邊最美好的風光，留給 3 幢傳統式柚木高腳屋，做為餐廳使用。廳內處處是飯店主人蒐藏的古物老件。即便不是住宿飯店的訪客，也能預約在此用餐。

高腳屋下方的一樓空間，更具東方情調。骨董沙發、桌椅，每一件家具，都有細節可賞，就連盛裝溼毛巾的金屬容器及水杯，都像是手工打造的老物。老歌樂曲在空氣中流動，金屬製的舊款風扇，送來清涼微風。眼前，船隻在昭披耶河上悠悠慢行，徐徐穿越不遠處的鐵橋。讓人搞不清楚現在所處的年代，也弄不懂這處高腳屋下的舒適空間，究竟是室內還是戶外？

在高腳屋旁，班斯利竟然蓋了一幢現代建築，乍看之下有些突兀，

但仔細一瞧，包覆著建築外牆的黑色玻璃帷幕上，映照著泰式高腳屋的影像。一古一今，像貝聿銘的現代金字塔來到了羅浮宮，兩者又相對、又相稱，產生視覺上的趣味。

「暹羅飯店」共有 39 間房，即便是相同房型，內部的陳設及裝潢也不盡相同。Villa 式的度假屋裡，設有小型的露天庭院及半露天式的涼廊，綠樹、花朵、植物是屋裡的基本成員，小水池裡的流水潺潺及陣陣鳥囀，則是背景樂音。

套房則有不同主題，像是在以「飲食」為主題的房間裡，牆上掛著過去西餐廳剛進入曼谷時的菜單，還有小吃店裡的價目表，泰式奶茶及咖啡的價格，都被清清楚楚記錄下來。圖書館放映廳裡的座椅，也是從前泰國及法國戲院留下來的物件，飯店主人平時的蒐藏，全都大方亮相。飯店總經理傑森‧佛德曼（Jason M. Friedman）說，「我們不希望住客像回到自己家一樣，而是希望他們像是受邀到重要的朋友家裡，輕鬆享受空間，感覺到備受呵護，並且分享主人的蒐藏興趣。」

飯店在設計之初，就希望能夠「無界線」，打造出一個創意、可能性都無界線的飯店，結果，這幢花了 6 年籌建的飯店果然令人驚豔，班斯利不僅創作出現代都會綠洲，更讓時空交錯無界線，營造全新的住宿體驗。

文 / 游惠玲

Info.

暹羅飯店（The Siam）
地址：Khao, Wachira Phayaban, Dusit, Bangkok
電話：+66-2-206-6999

91 曼谷 W 飯店
泰國歷史神話穿越現代

如果你是個曼谷通，造訪曼谷的次數已經算不清楚，或者你熱愛自然、支持環保並喜歡嘗鮮的話，那「曼谷 W 飯店」（W Bangkok），相信會是值得一訪的落腳處。

「曼谷 W 飯店」跟印象中 W Hotel 的夜店風格大不同。因為「曼谷 W 飯店」在建築與室內設計中，大量啟用曼谷當地建築團隊，以及泰國正崛起的藝術家作品，讓飯店多了歷史與文化感。

例如在室內設計中，「曼谷 W 飯店」找來許多泰國當地的藝術家，在飯店內部各處打造泰國特色。像是酒吧黑色鏡面牆上，看似銀河的繽紛銀白亮點，其實站遠點看，是泰國神話中的巨大神獸；健身房外的玻璃藝術，則幽默地讓泰國史詩中的主角「拉瑪堅」也舉起啞鈴健身；最特別的則是頂樓的露天泳池，周圍環繞著環型的金屬雕塑，若從空中鳥瞰，其實整座泳池就像一只佛陀的眉毛與眼睛。其他不管是在客房、大廳或飯店的某個角落，都可以看到許多泰式藝術與現代設計的融合。

除此之外，「曼谷 W 飯店」還有一大特色，便是在主建築體旁，保留了一座 1914 年興建、原為俄羅斯使館的百年舊式西洋建築，做為餐廳，可說是殖民時期的舊曼谷與新西式連鎖飯店最特別的融合。相對其他地區的 W Hotel，「曼谷 W 飯店」房價較為便宜，如果想入住 W Hotel 卻又不想花大錢，這是個好機會。

文 / 吳中傑

Info.
曼谷 W 飯店（W Bangkok）
地址：106 North Sathorn Road, Silom, Bangrak, Silom /
　　　Sathorn, Bangkok
電話：+66-2-344-4000

92 Mode Sathorn Hotel
時尚露天酒吧盡情享樂

根據全球最大的旅館統計調查公司 STR Global 的報告，2013 年，光是亞洲區就有 667 家新開幕的旅館，在這當中，全曼谷卻只有這間 2013 年 4 月開幕的「風格沙呑飯店」（Mode Sathorn Hotel），被 CNN 旅遊記者評選為「2013 年亞洲值得注目的 15 間熱門新旅館」之一。

「風格沙呑飯店」是在台灣也頗負盛名的「暹羅 @ 暹羅設計酒店」（Siam@Siam design hotel）的最新力作。「暹羅 @ 暹羅」的飯店在曼谷是以「時尚生活態度」（fashionable lifestyle）聞名，新的「風格沙呑飯店」主打的自然也是充滿時尚感的內裝。

只有約 200 間房的飯店規模並不算大，但內部卻共有 3 間餐廳與 3 間風格不同的酒吧，可見這飯店對休閒、享樂的重視。每間酒吧各具特色，像是有大型環型螢幕的劇院酒吧（Theatre Bar），或是該飯店主打，位於泳池畔，會有 Live DJ 進駐的頂樓露天酒吧。飯店就位於輕軌電車站旁邊，交通方便，如果喜歡住新飯店嘗鮮，記得在假期中安排這間飯店。

文 / 吳中傑

Info.
風格沙呑飯店 Mode（Sathorn Hotel）
地址：144 North Sathorn Road, Silom, Bangrak, Bangkok
電話：+66-2-663-4555

兩大必逛市集

遊曼谷，一定不能錯過市集，不論是在假日市集挖寶，或是跳上船
在水上市場晃悠，都最能體會泰國人的生活風情。

93 大林江水上市場
感受水上人家的點滴生活

曼谷有多處水上市場，但是，最受推崇的是大林江水上市場
（Taling Chan Floating Market）。來到大林江入口，大約可見上百
家小販，販賣著園藝花卉、水果、沙爹、椰絲餅、炭烤香蕉等道地
泰國小吃，價格十分親民，可説物美價廉。

遊大江林水上市場，最好的方法是搭船，遊船時間約 2~3 小時，
途中可下船參觀蘭花園與寺廟，還會經過大大小小的河道，感受招
披耶河水上人家的生活，看倚水而建成排的泰式傳統高腳屋、孩子
在水上嬉戲、婦人在水上洗衣，還有水上雜貨店……小小的世界，
生活感十足。

回到碼頭，一旁的海鮮大排檔也很精彩，菜單上的照片與價格一目
瞭然，鹽烤魚、烤泰國蝦、烤貝類都是新鮮好味，再配上一盤豬頸
肉、一碗泰式米粉湯，為水上風情畫下完美的句點。

酒足飯飽後，再走上鐵橋逛逛。大林江水上市場屋頂上有橫跨一座
鐵橋，偶有火車經過。很難想像，火車在現代與傳統中呼嘯而過，
而時間，卻彷彿在大林江水上，靜謐不動。

文 / 夏凡玉

Info.
大林江水上市場（Taling Chan Floating Market）
地址：324 Chakphra Rd, Bangkok
開放時間：週六、日 09：00 ~ 17：00
交通：搭乘 MRT 地鐵到 Siam 站，在 Siam Center 門口
　　　搭 79 號公車，到 Taling Chan下車

94 恰圖恰市集
全球設計師朝聖地

擁有超過 1 萬 5 千個攤位的恰圖恰假日市集（當地人多稱為 JJ Market），週末單日超過 20 萬人次造訪，是全球許多設計師及買家的朝聖地，舉凡舊貨、皮件、服裝、生活雜貨、家飾、餐具、藝術創作，所有生活中需要的東西及藝品，在這裡都找得到。

恰圖恰市集共分為 27 個區域，每區賣的東西不同。年輕設計師會在這裡租攤位，讓自己的創意有被全世界看見的機會。其中第 7 區多是藝術類的作品，攝影、畫作皆集中於此，穿梭在小巷中，就像是逛風格皆不同的藝廊一樣，寫實、漫畫、現代、古典都有，賣的就是個人品牌，相當精彩。

除了僅週六、日開市的恰圖恰市集之外，一旁的「JJ 廣場」（JJ Plaza），則是小型創意家具的集中地，平日也有營業，是尋找居家布置靈感的好地方。

文 / 游惠玲

Info.

恰圖恰市集（Chatuchak Market / JJ Market）
地址：Kampaenghet 2 Road,Chatuchak, Bangkok
電話：+66-2-272-5382 分機 83
交通：搭乘 MRT 地鐵至 Kamphaeng phet 站 2 號出口

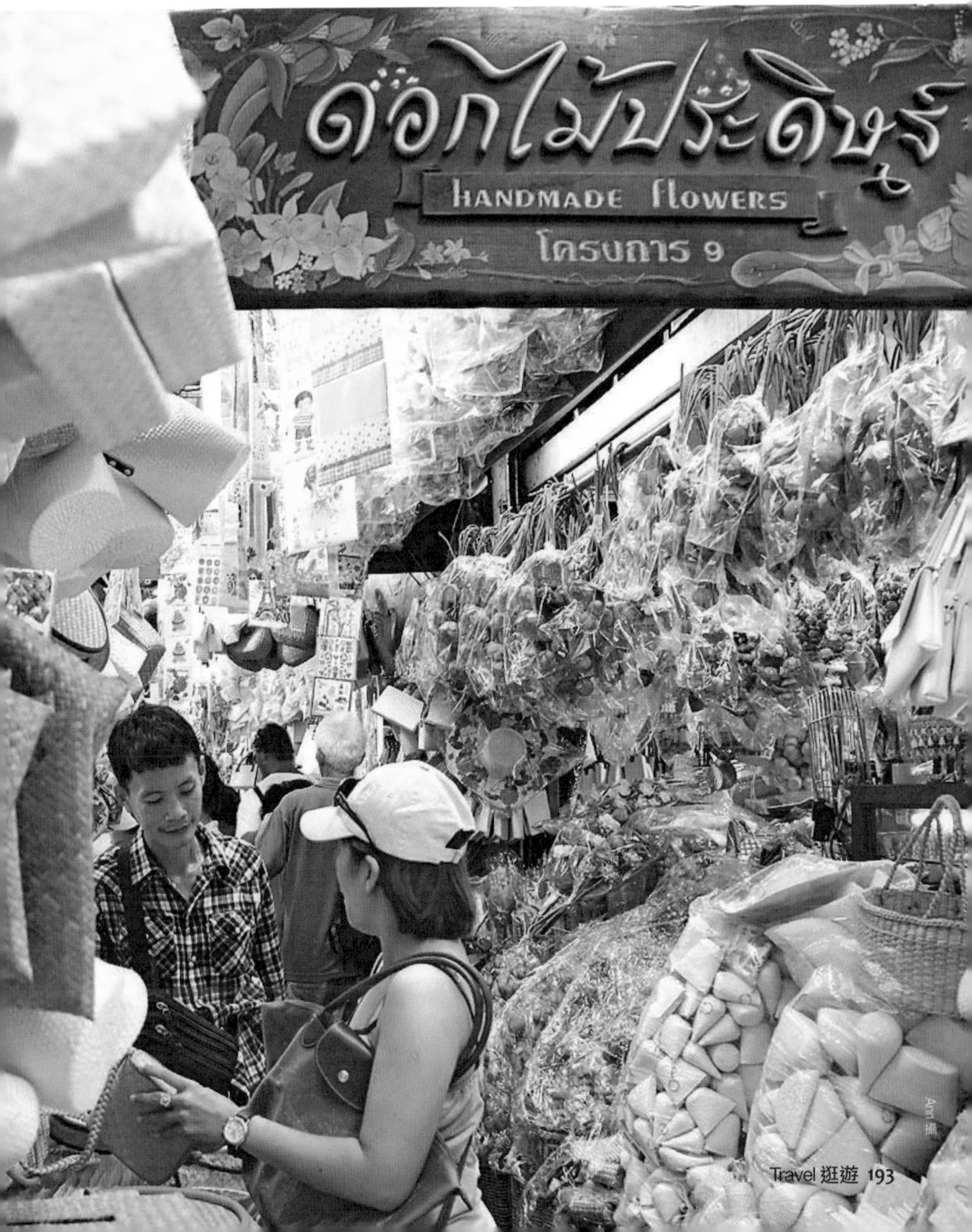

Ann 攝

恰圖恰六大必逛

來到全球最大的假日市集恰圖恰，不知如何逛起？《alive》精選六家必逛好店，讓你精準掌握曼谷東方味。

95 Ann's living
設計飯店愛用的燈

「安生活燈飾」（Ann's living）身兼店主及設計師的安（Ann），
利用柚木、椰殼、金屬等在地天然素材，委託小型工廠製作，創作
出色彩豐富、造型多變的燈具，具東方風情，受到許多小型設計飯
店的喜愛。桌燈、壁燈、吊燈、立燈，樣式齊備，其中一款以不同
尺寸的圓形所組合而成的壁燈，以柚木或椰殼為素材，掛在牆上，
更像是一幅畫作。

泰國歷史中的傳統元素，也進入了安的設計裡，圓筒型設計的吊燈
上，加入了流蘇小珠串，概念來自於 13 至 18 世紀的蘭納王朝。
這些非大量化工業生產的設計作品，最大的優點是獨一無二，買回
家絕不會「撞燈」。

> Info.
> **安生活燈飾（Ann's living）**
> 地址：恰圖恰市集 8 區 14/5 巷 155 號
> 電話：+66-86-776-7355

96 Bathma Kaew-Ngok 展覽級陶藝創作

「貝斯馬陶藝店」（Bathma Kaew-Ngok）是間會令人忍不住停下腳步的小店，展示並販售杯盤小碟等生活陶及創作藝品。其陶器創作帶有日本風的手作感，乍看之下會以為出自日本人之手。

創作者貝斯馬是正宗泰國人，學美術出身，曾前往日本學習陶藝，他將泰國元素融進創作中，像是以荷葉為靈感所發想的盤子，帶著不規則的曲線摺邊，樣式自由活潑，比日本陶器更不受拘束。對他來說，陶藝不只是捏製陶土，更是與自然共處的哲學，也就是順著陶土的特質，去展現特性。貝斯馬也曾受鶯歌陶瓷博物館之邀，來台參與展覽。只需 2、3 百泰銖，就能輕鬆買到展覽級的作品。

Info.
貝斯馬陶藝店（Bathma Kaew-Ngok）
地址：恰圖恰市集 7 區 2 巷
電話：+66-85-061-3790

Bathma Kaew-Ngok
Potter Artist

"Clay, Water, Wind, Fire and I playing together.

97 Pariwat A-nantachina
框住最迷人的曼谷街景

平面設計工作者帕里瓦（Pariwat），將自己拍攝的曼谷街頭風景
去背處理，再重新拼貼到同一幅畫面裡，設計出他所詮釋的新曼
谷，展示在「帕里瓦攝影」（Pariwat A-nantachina）。

街頭小攤、老建築、新房子、老人、小孩、年輕人、各式車輛，萬
物皆可拼貼，「這樣的拼貼組合方式，讓我能借助自己的專業，把
心裡的想法表達出來。」這些根植在真實裡的想像力，創造出一個

Arn 攝

更加吸引人的新世界。原本在人行道上的路人，突然飛到光鮮亮麗的大樓上，中國城的地標建築，也可以全都放進同一個畫面裡。這些都是曼谷日常生活中的街景，看起來很稀鬆平常，但透過帕里瓦的幽默感及敏感觀察，成了一幅幅有好多細節能夠探索的有趣設計畫面，讓人不知不覺在他的創作中噗哧一笑。

Info.
帕里瓦攝影（Pariwat A-nantachina）
地址：恰圖恰市集 7 區 3 巷 118 號
電話：+66-89-135-8099

98 Ajai Silk Art & Décor
有歷史的老物件

進入「阿傑藝品店」（Ajai Silk Art & Décor），彷彿走入時光隧道，店主蘇（Su）在恰圖恰經營骨董及老件買賣已經超過 20 年，每個物件都有故事，也代表著主人的眼光。圓筒型的竹胚漆盒，美麗古樸，看一眼就想帶回家，內部仿如便當盒般，設計有可取出的隔層。蘇說這是過去緬甸人用來裝檳榔的器具，有客人來訪時，就要遞上漆盒，邀請對方吃個檳榔。

店裡的泰絲抱枕套，則是由她自己設計圖樣，特別請邊界村落的婦女以手工編織而成，顏色深沉、樣式優雅，特別受到歐洲客人的喜愛，「我主要想幫助他們維持生計，這些手工藝，都是當地人生活的一部分。」店內亦有桌、椅、櫃及佛像等物件，來這邊，賞古物也能聽故事。

> Info.
> **阿傑藝品店**（Ajai Silk Art & Décor）
> 地址：恰圖恰市集 26 區 1/6 巷 123-127、135-138 號
> 電話：+66-89-153-5598

Ann 攝

99 N&D Tablewares
各式刀叉匙一網打盡

「N&D 餐具店」（N&D Tablewares）的不鏽鋼餐具品項非常多，風格簡約不呆板、具現代感，很容易就找到自己喜歡的樣式。此外，加入了泰國風格圖騰或元素青銅系列餐具，則是許多買家的最愛。曼谷「卡博喬公寓飯店」（Cabochon Hotel & Residence）裡的「太老爺」泰式料理餐廳，帶有濃厚的東方殖民情調，其叉子、湯匙等餐具，就是來自於「N&D 餐具店」。

Info.
N&D 餐具店（N&D Tablewares）
地址：恰圖恰市集 25 區 3/1 巷 185 號

Ann 攝

100 Chieng Sang
中泰風情青花瓷餐盤

恰圖恰市集裡販售餐皿器具的店家相當多,選擇性高,若想為家裡
的餐桌增添一些東方情調,則可以跟著設計師葉裕清,來到「錢生
瓷盤」(Chieng Sang),選購樣式帶有中國風味的青花瓷。只要
幾件單品,就具有畫龍點睛之妙,讓餐桌上的擺飾變得活潑立體,
市集裡賣青花瓷的店家不少,「但這家的手繪帶些中國風,樣式最
好看。」

餐盤的圖樣以手工繪製,即便相同的兩只盤,也有些微的差異。圖
騰並不全然泰國味,反倒帶有點中國、日本風,像是花朵、蔬菜、
字形圖騰,甚至是唐草圖樣。樣式也相當復古,高足盤適合置放小
菜或糕點,附蓋的小圓罐,則能盛湯或是當作置物盒。

文 / 游惠玲

Info.
錢生瓷盤(Chieng Sang)
地址:恰圖恰市集 17 區 9/1 巷 243 號
電話:+66-2-272-5582

曼谷 New York ▬

曼谷是泰國首都,也是最大的城市,泰文名字為 Krung Thep Mahanakhon ,意思是「天使之城」。

曼谷位於昭拍耶河(俗稱湄南河)流域,市內繁忙的水上交通使曼谷有「東方威尼斯」的美稱,是泰國政治、經濟、貿易、交通、文化、科技與教育的中心。

位置:曼谷地處平原,位於昭披耶河東岸,近暹羅灣。
人口:超過 650 萬。
面積:約 1568.7 平方公里。
氣溫:全年平均高溫為 32.7℃ ,平均低溫為 24.1℃ 。
時差:較台灣慢 1 小時。
小費:在曼谷給小費是種禮儀,一般 spa 按摩及餐廳消費,低於 1 千泰銖約給 50 泰銖小費,高於 1 千泰銖約給 100 泰銖小費,搭計程車則不必另外支付小費。
交通:曼谷大眾交通工具有 MRT 地鐵、BTS 輕軌電車、公車、火車及船。
撥號:泰國打到台灣:009-886-x(區域號碼去掉 0)-xxxx-xxxx; 台灣打到泰國:002-66-2(區域號碼去掉 0)-xxx-xxxx。

地圖來源:達志影像

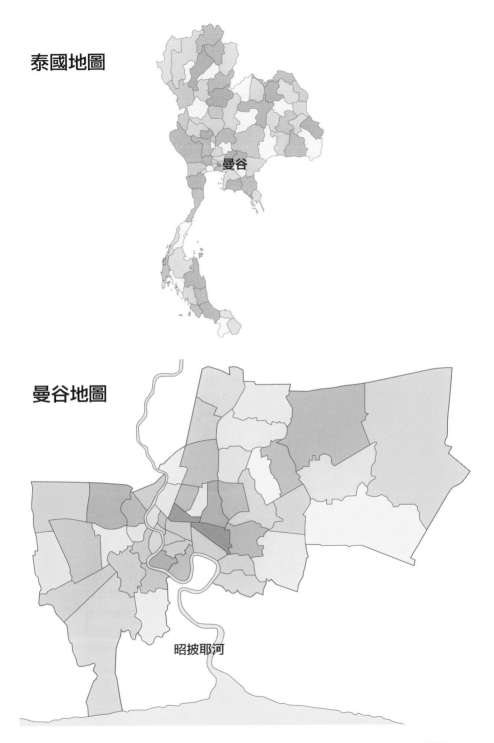

泰國地圖

曼谷

曼谷地圖

昭披耶河

情調曼谷 100 個你一定要知道的
關鍵品味

情調曼谷　100個你一定要知道的關鍵品味

作者	游惠玲等
商周集團榮譽發行人	金惟純
商周集團執行長	王文靜
視覺顧問	陳栩椿
商業周刊出版部	
總編輯	余幸娟
責任編輯	林美齡
封面設計	張福海
內頁設計完稿	邱介惠
出版發行	城邦文化事業股份有限公司-商業周刊
地址	104台北市中山區民生東路二段141號4樓
傳真服務	（02）2503-6989
劃撥帳號	50003033
戶名	英屬蓋曼群島商家庭傳媒股份有限公司城邦分公司
網站	www.businessweekly.com.tw
製版印刷	中原造像股份有限公司
總經銷	高見文化行銷股份有限公司 電話：0800-055365
初版1刷	2015年（民104年）5月
定價	340元
ISBN	978-986-6032-91-2（平裝）

國家圖書館出版品預行編目(CIP)資料

情調曼谷：100個你一定要知道的關鍵品味 / 游惠玲等作. --
初版. -- 臺北市：城邦商業周刊, 民104.05
　面；　公分
ISBN 978-986-6032-91-2(平裝)

1.遊記 2.泰國曼谷

738.2719　　　　　　　　　　　　104004696

城市品味書

說出品味故事，成就你的與眾不同。